HISTÓRIA CONCISA DO TEATRO BRASILEIRO
1570-1908

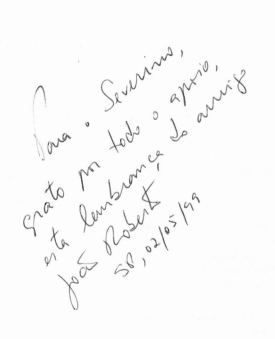

Para o Severino,
Grato por todo o apoio,
esta lembrança do amigo
João Roberto
SP, 02/05/99

HISTÓRIA CONCISA DO TEATRO BRASILEIRO

1570-1908

DÉCIO DE ALMEIDA PRADO

Dados Internacionais de Catalogação na Publicação (CIP)
(Câmara Brasileira do Livro, SP, Brasil)

Prado, Décio de Almeida, 1917–
    História Concisa do Teatro Brasileiro : 1570–1908 / Décio
de Almeida Prado. – São Paulo: Editora da Universidade de São
Paulo, 1999.

ISBN: 85-314-0495-9

    1. Teatro – Brasil – História   I. Título   II. Série.

98-5681   CDD–792.0981

Índices para catálogo sistemático:
1. Brasil : Teatro : História   792.0981

Direitos reservados à

Edusp – Editora da Universidade de São Paulo
Av. Prof. Luciano Gualberto, Travessa J, 374
6º andar – Ed. da Antiga Reitoria – Cidade Universitária
05508-000 – São Paulo – SP – Brasil   Fax (011) 818-4151
Tel. (011) 818-4008 / 818-4150
www.usp.br/edusp – e-mail: edusp@edu.usp.br

Printed in Brazil   1999

Foi feito o depósito legal

SUMÁRIO

[...] pela primeira vez me proporcionavam ensejo de prestar um serviço, ainda que insignificante, à classe teatral, da qual me confesso um dos grandes devedores, porque lhe devo um dos intervalos mais agradáveis da vida: o que tenho passado nos teatros. Não posso fazer o cálculo, teria mesmo acanhamento de o fazer; somadas, porém, todas as horas que tenho vivido na platéia ou nos camarotes, sem contar os minutos dos bastidores, minha carreira de espectador há de preencher talvez o espaço de um ano, o mesmo tempo que tenho passado no mar, e, tanto um como outro, tenho-os como dos mais bem empregados da vida.

JOAQUIM NABUCO

Prefácio

Este livro foi redigido em 1994 e retocado em 1998. Trata-se de um projeto encomendado pela Mercedes-Benz do Brasil, que liberou o texto para a presente publicação. A sua originalidade, se é que ele a tem, consiste em sintetizar o que analisei com mais vagar em três volumes anteriores: *Teatro de Anchieta a Alencar* (Perspectiva), *O Drama Romântico Brasileiro* (Perspectiva) e *Seres, Coisas, Lugares* (Companhia das Letras). As idéias são as mesmas e as palavras muitas vezes também, salvo pequenas modificações e alguns acréscimos, inclusive um novo capítulo final.

Se retornei à história do teatro nacional, em versão sucinta, foi para destacar-lhe as grandes linhas, o arcabouço, ainda que com o sacrifício de particularidades de ordem artística. Em conseqüência disso, sem que eu o planejasse, avultou a parte social, o diálogo que os nossos dramaturgos e comediógrafos travaram com os acontecimentos históricos do Brasil, sobretudo no século XIX. Mas não me aborrece que tal haja sucedido. Acredito, com efeito, que a obra de arte, quando não atinge o seu mais elevado objetivo, certamente o estético, permanece de qualquer forma como documento de época. O meu postulado, nesse caso, é o mesmo tanto do romantismo quanto do realismo – ou seja, que as melhores peças nunca se contentam com as quatro paredes (reais ou imaginárias) do palco, tentando reproduzir, nesse microcosmo cênico, algo do que se agita ou reina fora delas. O teatro ainda se via então como retrato da realidade nacional – e assim o considerei.

Por outro lado, o espaço maior concedido às representações do final do século XIX corresponde a um crescimento real. Talvez não seja por acaso que eu tenha visto no palco, ambas as vezes por coincidência no Rio de Janeiro, duas excelentes versões modernas de textos dessa época, por mim neste volume analisados: *O Macaco do Vizinho*, de Macedo, na graciosa encenação de O Tablado (de Maria Clara Machado) e *O Mambembe*, de Artur Azevedo, com Fernanda Montenegro e Ítalo Rossi nos primeiros papéis, sob a direção exata e imaginosa de Gianni Ratto.

Quanto à índole deste estudo, vejo-o antes como ensaio do que como resumo ou manual didático. Quero dizer com isso que me guiei primordialmente por idéias, artísticas ou políticas, privilegiando em conseqüência certos autores e certas obras. Não há dúvida de que perante o historiador, em princípio, todos os fatos são iguais. Já o ensaísta, como me julgo ser a este propósito, tem pleno direito às suas opções, embora sujeito a ter de pagar eventualmente caro por elas.

Nas notas de pé de página procurei indicar a bibliografia essencial sobre o assunto. As traduções, cujos autores não estão identificados, foram feitas por mim. Mas deixei em francês alguns trechos de peças, para não prejudicar o sabor do original, de tal forma a França achava-se presente, naquele momento, nos palcos nacionais.

DAP

1
O Período Colonial

O teatro brasileiro nasceu à sombra da religião católica. A primeira pessoa a escrever peças com certa regularidade na terra que a princípio se chamou de Santa Cruz foi, apropriadamente, um santo – ou quase. E se oito dos seus textos dramáticos chegaram aos dias atuais[1] deve-se exatamente a isto, ao fato de terem sido enviados sob forma manuscrita a Roma, para instruir o processo de beatificação do seu autor, há poucos anos concluído favoravelmente. O padre jesuíta José de Anchieta (1534-1597), quando as escreveu nos três últimos decênios do século XVI, em versos de ritmo popular, não tinha em vista a arte teatral. Servia-se desta, sem se importar muito com a sua natureza, para compor o que se poderia qualificar de sermões dramatizados. Não demonstrava preocupação com a unidade

1. J. Anchieta, *Poesias*, Transcrição, Tradução e Notas de M. de P. de Paula Martins, São Paulo, Museu Paulista, 1954.

artística da peça, nem sequer com as mais elementares, como a da língua. Utilizava, às vezes na mesma cena, os três idiomas conhecidos pelo seu heterogêneo público: os dois que lhe eram familiares, o espanhol (nascera nas Ilhas Canárias), o português (estudara na Universidade de Coimbra), e mais o tupi, a língua geral dos índios da costa brasileira, de que foi o primeiro gramático.

O ponto de partida de seus entrechos, frágeis como construção dramática, é sempre próximo: a recepção festiva de uma relíquia religiosa, a celebração do santo padroeiro da aldeia onde se fará o espetáculo. O ponto de chegada cênico, ao contrário, é amplo, tanto no espaço como no tempo, à maneira do teatro medieval, incluindo desde o passado remoto (Roma antiga) até o presente imediato; desde homens até anjos e demônios (encarnados, estes últimos, em chefes indígenas adversários dos jesuítas nas lutas locais contra os huguenotes franceses), além de figuras alegóricas, como o Temor e o Amor de Deus. Mas tudo transferido para o plano material, sem fugas da fantasia ou vôos poéticos. A representação completava-se com cantos e danças, nas quais os índios, sobretudo os meninos, tomavam parte, e, ao que parece, com graça e alegria. É possível que a dispersão desse heteróclito universo ficcional se justificasse, em parte, pelo caráter itinerante do espetáculo, desenvolvido muitas vezes em formato de procissão, com paradas em diferentes lugares, cada uma dando origem a um episódio relativamente autônomo, dentro do tema religioso geral.

Passando ao século XVII, a expectativa seria de crescimento dramático. Não foi o que sucedeu. As festividades escolares organizadas em formato teatral, como se faziam nos colégios europeus da Companhia de Jesus, ou desapareceram no Brasil com a passagem do tempo ou então caíram no rol dos fatos rotineiros, de que não se dá notícia nem se guarda memória. O século seguinte começa melhor. Em 1705 são impressos os primeiros textos teatrais devidos à pena de alguém nascido no Brasil[2]. A *Música do Parnasso*, editada na cidade de Lisboa (era proibida a existência de prelos na Colônia), reunia não apenas a produção poética, de fundo e forma marcadamente barrocos, do escritor baiano Manuel Botelho de Oliveira (1636-1711), como continha ainda duas peças, redigidas em espanhol e talhadas pelo inconfundível figurino de "comédia de capa e espada" do chamado Século de Ouro. Portugal já se separara da Espanha, ao trono da qual estivera sujeito entre 1580 e 1640, mas, dramaticamente, continuava caudatário do seu poderoso vizinho ibérico. O uso do castelhano em peças nacionais, portanto, não significava anomalia ou excentricidade.

No correr do século XVIII o teatro começa a despontar, ainda muito timidamente. De início mais ao norte, tendo como centro Salvador, na Bahia, sede do Vice-Reinado do Brasil. Depois, deslocando-se para o Rio de Janeiro, acompanhando o fluxo político e econômico. Ambas as cidades eram importantes portos de mar. No interior o teatro só penetrava naquelas capitanias, Minas Gerais ou Mato Grosso, em que a descoberta do ouro ou de pedras preciosas gerara riqueza e improvisara cidades.

A Igreja católica continua a desempenhar papel relevante no teatro, pelo menos até meados do século. Uma religiosidade difusa e mal compreendida infiltrava-se de resto em todas as atividades sociais da Colônia, esbatendo, como em Portugal, as fronteiras entre o sagrado e o profano. Um viajante fran-

---

2. M. B. Oliveira, *Música do Parnasso*, Prefácio e Organização do texto de Antenor Nascentes, Rio de Janeiro, Edições de Ouro, 1957.

cês, que passou pela Bahia em 1717-1718, deixou consignado o seu espanto perante o que presenciou numa festividade religiosa, durante a qual "maus atores" representaram uma "comédia medíocre" espanhola. Dentro ou fora da igreja dançavam, "misturados, padres, freiras, monges, cavalheiros e escravos", sem contar o Vice-Rei e "mulheres de vida fácil", o que arrancou do visitante um comentário ácido: "só faltavam bacantes nessa festa"[3].

A tais manifestações particulares, que permitiam uma ampla margem de improvisação, contrapunha-se outro tipo de espetáculos. Promovidos oficialmente pela Igreja, encaixam-se sem dificuldade, embora em proporções modestas, dentro do perfil das festas barrocas ibéricas. A representação teatral completa nestes casos um programa que empenha toda a cidade, incluindo, ao lado de encenações de peças, cavalhadas, touradas, combates simulados, números musicais, fogos de artifício e desfile de carros alegóricos. Foi assim que Vila Rica, a atual Ouro Preto, comemorou em 1733 a transladação do Sacramento Eucarístico de um templo para outro. O padre português que fornece essas indicações, num opúsculo intitulado *Triunfo Eucarístico*, relata que na ocasião foram postas em cena, num tablado erguido junto à igreja, três comédias espanholas: *"El Secreto a Vozes; El Príncipe Prodigioso; El Amo Criado*[4].

Novas tendências, na medida em que elas existem em teatro tão fragmentário, só surgirão com o aparecimento de um

3. L. Hessel, e G. Raeders, *O Teatro no Brasil da Colônia à Regência*, Porto Alegre, Universidade Federal do Rio Grande do Sul; 1974, p. 33.
4. A. Ávila, *O Lúdico e as Projeções do Mundo Barroco*, São Paulo, Perspectiva, 1971, p. 121. A primeira peça é de autoria de Calderón de la Barca e a terceira de Rojas Zorilla, escritores da segunda geração do Século de Ouro espanhol.

novo gênero, a ópera italiana. A novidade vinha de Portugal, como sempre, mas, desta vez, com o aval do poder monárquico, interessado, desde a ascensão ao trono de D. José I, em 1750, em não ficar devendo muito às demais cortes européias em questão de brilho musical. Entre 1760 e 1795, datas aproximadas, são construídos teatros na Bahia, no Rio de Janeiro, no Recife (Pernambuco), em São Paulo e Porto Alegre (Rio Grande do Sul). Com lotação em torno de 400 lugares, esses edifícios foram logo conhecidos como Casa da Ópera.

Quando se falava em ópera, nessa altura do século, pensava-se imediatamente em Pietro Metastasio, até mesmo no longínquo Brasil. Em 1767, um viajante francês (abençoemos os viajantes europeus, é através deles que surpreendemos algo de concreto sobre as representações coloniais) contou como eram os espetáculos realizados no Rio de Janeiro, cidade pouco antes alçada a sede do Vice-Reinado. "Numa sala assaz bela – escreveu – pudemos ver as obras-primas de Metastasio, representadas por um elenco de mulatos; e ouvir os trechos divinos dos mestres italianos, executados por uma orquestra má, regida por um padre corcunda em trajes eclesiásticos"[5]. Supõe-se que esse regente seja o Padre Ventura, aludido por outras fontes históricas. Ele seria, se a hipótese é correta, o primeiro diretor de uma companhia regular de teatro em território brasileiro – e como tal tem sido muitas vezes celebrado.

Nada é mais significativo da influência exercida por Metastasio do que a admiração que lhe votava um poeta da eminência de Cláudio Manoel da Costa (1729-1789). Segundo seu próprio testemunho, uma vez que os respectivos manuscritos

---

5. J. G. Sousa, *O Teatro no Brasil*, Rio de Janeiro, Instituto Nacional do Livro, 1960, tomo 1, p. 113.

se perderam, ele traduziu nada menos que sete textos do escritor italiano, todos representados em Vila Rica. E de sua produção dramática original, igualmente desaparecida, o único exemplar que subsistiu acompanha de perto o modelo italiano. *O Parnaso Obsequioso*[6], encenado em 1768 para comemorar, à maneira arcádica, o aniversário do Governador de Minas Gerais, inspira-se diretamente nas *Ações Teatrais* de Metastasio, que difeririam dos seus *Dramas para Música* pela extensão menor e pelo caráter áulico. A palavra "ópera" não deve despertar conotações européias. No contexto nacional aplicava-se, se não a todas, a qualquer peça que intercalasse trechos falados com números de canto, executando-se a parte musicada conforme os recursos locais. As peças de Metastasio prestavam-se, de resto, a tratamentos cênicos mais livres, podendo ser lidas ou como libretos postos à disposição dos compositores (e dezenas deles valiam-se do mesmo texto) ou como tragédias de fundo histórico, com poucas personagens e ação relativamente concentrada.

Ao contrário das comédias espanholas, importadas ao que tudo indica na língua original, as óperas italianas passavam sempre por Lisboa, de onde vinham já traduzidas ou adaptadas, não raro sem menção de autor e com títulos modificados. Essas edições avulsas, denominadas "de cordel" por serem vendidas dependuradas em barbantes, acabaram adquirindo – ou já tinham desde o início – um sentido fortemente popularesco e pejorativo. Mas muitos autores teatrais, dos mais ilustres, Molière, Voltaire, Goldoni (os três encenados esporadicamente no Brasil), encontravam em tais publicações, graficamente po-

6. Cf. C. de M. Franco, *O Inconfidente Claudio Manoel da Costa*, Rio de Janeiro, Schmidt, 1931, pp. 69-84. A peça mantinha-se inédita até a data.

bres e de duvidosa idoneidade editorial, um veículo rápido e barato de difusão em língua portuguesa.

Uma espécie de festival rústico de teatro realizado em Mato Grosso, sobre o qual existem informações seguras, permite que se compreenda melhor como ocorria a passagem desse repertório europeu para o Brasil, em seu nível artístico mais modesto. Cuiabá, cidade distante do mar, de acesso difícil, possuía, não obstante, uma certa tradição musical. Com o propósito de homenagear uma alta autoridade, em 1790, formaram-se vários conjuntos de amadores, que representaram durante um mês cerca de uma dezena de peças[7].

O nível social dos atores e cantores improvisados, distribuídos em diferentes grupos, incluía desde negros alforriados e mulatos até estudantes, professores de primeiras letras, pequenos funcionários públicos, caixeiros de loja e militares. Entre estes, os soldados entravam com a música – tambores, clarins, trombetas – e os oficiais não se acanhavam de subir ao palco, alguns em vestes femininas, prática não incomum em Portugal. Os gêneros teatrais abordados iam do entremez ibérico à ópera e à tragédia. Os originais provinham, em primeira mão, da França, Itália e Espanha. Mas tinham certamente perdido a sua identidade nacional e estilística ao se adequarem às condições de um teatro pobre como o português (para não falar no do Brasil).

No final do século XVIII, com a disseminação das Casas de Ópera, observa-se o desejo de fugir ao amadorismo. Não será por acaso que três documentos desse período tenham alcançado os nossos dias, atestando a vontade de regularizar

---

7. Cf. C. F. Moura, *O Teatro em Mato Grosso*, Belém, Universidade Federal de Mato Grosso, Sudam, 1976.

profissionalmente o movimento teatral. São contratos firmados em cartório, um em São Paulo e dois em Porto Alegre, entre 1797 e 1805. Assemelham-se formalmente a qualquer outro instrumento jurídico destinado a ordenar as relações entre empresários e artistas. Nas entrelinhas, todavia, certos detalhes entremostram a realidade. Algumas atrizes, por exemplo, assinam a rogo, obviamente por serem analfabetas. Haveria obrigatoriamente espetáculos ao menos por ocasião do aniversário do Governador da Província, das autoridades eclesiásticas ou em homenagem a membros da família real portuguesa[8]. Antes de ser arte ou diversão, o teatro propunha-se como cerimônia cívica. A almejada continuidade não se conseguiria senão muito mais tarde. Quanto ao resultado imediato, temos boas indicações, dadas por viajantes de categoria e simpáticos ao Brasil. Os alemães Von Martius e Von Spix passaram por São Paulo em 1818. Sobre o teatro escreveram:

> Assistimos, no teatro construído em estilo moderno, à representação de uma opereta francesa, *Le Déserteur*, traduzida para o português. [...] O conjunto dos atores, pretos ou de cor, pertencia à categoria daqueles a que Ulpiano dá *levis notae macula*. O ator principal, um barbeiro, emocionou profundamente os seus concidadãos. O fato de ser a música, igualmente, ainda confusa, à busca dos seus elementos primitivos, não nos estranhou, pois, além do violão para o acompanhamento do canto, nenhum outro instrumento foi tocado com estudo[9].

8. Cf. A. Damasceno, *Palco, Salão e Picadeiro*, Rio de Janeiro, Globo, 1956, pp. 4, 5; D. Almeida Prado, "O Teatro em São Paulo", *São Paulo, Espírito-Povo-Instituição*, São Paulo, Pioneira, 1968, p. 433.
9. Spix e Martius, *Viagem pelo Brasil*, 2. ed., Tradução de Lucia Furquim Lahmeyer, São Paulo, Melhoramentos, vol. 1, p. 147. *Le Déserteur* deve ser a conhecida peça de Sedaine.

O francês Saint-Hilaire, um ano depois, manifestou idêntica opinião:

Foi representado o *Avaro* e uma pequena farsa. Os atores eram todos operários, a maior parte mulatos; as atrizes, mulheres públicas. O talento destas últimas corria parelhas com a sua moralidade; dir-se-ia fantoches movidos por um fio. A maior parte dos atores não era constituída por melhores comediantes, entretanto, não se pode deixar de reconhecer que alguns deles possuíam inclinação para a cena[10].

Impõem-se algumas conclusões. Uma é a baixa qualidade dos espetáculos coloniais, reiterada com maior ou menor severidade por todos os visitantes. Outra é a presença constante de mulatos nos elencos, como se constituísse uma especialização profissional, para a qual concorreriam seja a propensão da cultura negra para a música, seja o descrédito em que era tida a profissão de ator, atraente apenas para as classes mais pobres. Recapitulando e sintetizando, para terminar estes três séculos de domínio português, diríamos que o teatro brasileiro oscilou, sem jamais se equilibrar, entre três sustentáculos: o ouro, o governo e a Igreja católica.

---

10. Saint-Hilaire, *Viagem à Província de São Paulo*, 2. ed., Tradução de Rubens Borba de Morais, São Paulo, Martins, p. 195. *O Avaro* deve ser a comédia de Molière.

2
O Advento do Romantismo

No século XIX os fatos teatrais, acompanhando os políticos, precipitam-se. As tropas de Napoleão invadem Portugal. A corte portuguesa busca refúgio no Brasil, logo está instalada no Rio de Janeiro. Em 1810 o príncipe regente, o futuro D. João VI, manifesta por meio de um decreto o seu desejo de que "nesta capital [...] se erija um teatro decente e proporcionado à população e ao maior grau de elevação e grandeza em que se acha pela minha residência nela [...]"[1].

Três anos depois o "teatro decente" está pronto, o primeiro de grandes dimensões construído no Brasil, pondo fim ao ciclo das "casas de ópera". É também o primeiro de uma série de cinco edifícios teatrais levantados no mesmo local, três consumidos pelo fogo, em 1824, 1851, 1856, e o quarto víti-

---

1. A. Andrade, *Francisco Manuel da Silva e Seu Tempo*, Rio de Janeiro, Tempo Brasileiro, 1967, vol. 1, p. 109.

ma, em 1930, de um feroz ímpeto destruidor e modernizador.

As suas denominações também variaram, conforme as circunstâncias históricas: Teatro de São João (o príncipe regente per-
mitira que o seu augusto nome fosse usado); Teatro de São
Pedro de Alcântara (D. Pedro I proclamara a Independência do
Brasil); Teatro Constitucional Fluminense (dera-se a abdicação
do Imperador); de novo Teatro de São Pedro de Alcântara (D.
Pedro II firmara-se na sucessão dinástica); e, por fim, denomi-
nação atual, Teatro João Caetano. Por ele, em suas diversas
encarnações materiais, transitaram todos os gêneros teatrais
vigentes no século XIX: tragédia, ópera, comédia, drama, melodrama, entremez, mágica (a *féerie* francesa), farsa, *vaudeville*,
burleta, espetáculos de circo e de revista. Se em algum lugar
pulsou com certa regularidade o coração do teatro brasileiro
terá sido certamente ali.

Para inaugurá-lo, na parte referente à representação dramática – a outra parte competia à ópera e ao bailado –, impor-
tou-se de Portugal a companhia de Mariana Torres, a "mais
famosa atriz portuguesa do primeiro quartel do século passado"[2]. O Rio, nessa altura, já devia ser um centro artístico de
relativa importância, uma vez que ela voltou ao Teatro de São
João de 1819 a 1822, quando, com a saúde abalada, regressou
a Lisboa. Mas colegas seus ficaram no Brasil.

Jacques Arago, escritor francês que passou mais ou menos nessa época por terras brasileiras, traçou um quadro deso-
lador do mais importante teatro nacional. Depois de descrever
e desenhar a inacreditável vestimenta usada pelo ator que fazia o papel de Orosmane, na *Zaíra* de Voltaire, contrastou a

---

2. J. de Faria, "As Primeiras Quatro Levas de Cômicos para o Brasil", *Ocidente*,
   vol. 3, p. 324.

Teatro São Pedro de Alcântara (gravura de Thomas Ender).

Teatro São Pedro de Alcântara, em 1928, pouco antes de sua demolição (foto de Augusto Malta).

interpretação dos demais personagens com a figura ilustre do autor da tragédia francesa: "Eis Zaíra, Nerestan, Chatillon, Lusignan; todos juraram ultrajar o grande homem. Mas os camarotes aplaudem... Não desejo outra coisa, faço como eles: Bravo! Bravíssimo! Por que singularizar-se?"[3]

O que disse Arago sobre o teatro falado, quanto à qualidade artística, reiterou Victor Jacquemont, francês que esteve no Rio em 1828, relativamente à ópera. Nada lhe agradou na encenação de *L'Italiana in Algeri*, de Rossini: "orquestra, cantores, espetáculos, tudo era lamentável". A parte mais interessante do retrato que traçou diz respeito ao lugar ocupado pelo teatro no contexto social brasileiro:

> O público parecia aborrecer-se muito: no entanto a sala estava cheia e ela é bem grande. O seu aspecto é o das salas da Itália; não há lustres, mas lampeões colocados em frente dos camarotes. As mulheres, ataviadas; os homens em trajes de cerimônia, todos cobertos de condecorações, assumindo a partir dos quinze ou dezesseis anos o ar desdenhoso e enfastiado dos *dandys* de Regent Street. Creio que todo mundo que o Rio chama de alta sociedade tem camarote reservado na ópera. O Imperador é freqüentador assíduo, por que as dançarinas e figurantes são muito do seu gosto, sem prejuízo das senhoras respeitáveis. Durante o espetáculo a praça fronteira ao teatro fica repleta de carruagens, nas quais vieram de suas chácaras os espectadores dos camarotes. Desatrelam-se as mulas, que mascam um pouco do capim empoeirado que brota aqui e ali no lugar. Os cocheiros dormem por perto ou jogam entre si e bebem. [...] A praça durante a representação parece um acampamento militar. Não há menos do que trezentos ou quatrocentos carros e mil mulas e cavalos, além de algumas centenas de servidores negros. Tudo isso é necessário ao prazer de duzentas ou trezentas famílias. Se ao menos eles se divertissem! A platéia da ópera, no Rio, pareceu-me composta por essa classe

---

3. J. Arago, *Souvenirs d'un aveugle*, nova edição, Paris, H. Lebrun, s.d., pp. 83-84.

burguesa decididamente branca, formada por médicos, advogados, e pelos que ocupam posições secundárias e subalternas na administração pública. Procurei em vão pessoas de cor: elas teriam o direito de comparecer, mas provavelmente não seriam bem acolhidas[4].

A década da Independência fora de intensa ebulição política. Quando já se aproximava do fim, em 1829, tentou-se uma solução definitiva para a questão do teatro. D. Pedro I, através de intermediários, mandou contratar em Lisboa uma companhia completa, a melhor que existia no mercado, com cerca de vinte pessoas, distribuídas harmoniosamente segundo a hierarquia habitual no palco: primeira dama, segundas damas, primeiro galã, galã central e tirano, velho sério, primeiro gracioso e petimetre (correspondendo ao *petit-maître* francês), segundo gracioso etc. Por baixo dessa estrutura dramatúrgica e cênica funcionava outra, relativa a laços de família, também freqüente no teatro português: mulher, irmão, irmã, marido, sobrinhos. O astro em torno do qual os outros gravitavam era Ludovina Soares da Costa (1802-1868), filha e neta de atores. Com ela, que fixou residência no Rio, como a maior parte de seus companheiros de elenco, nascia em nossos palcos, a um só tempo, a arte trágica e a continuidade profissional. Decorridos trinta anos, acalmada a tormenta romântica e já em pleno realismo, o seu estilo nobre de representar ainda arrancava elogios de um crítico jovem, além de partidário da modernidade (ou seja, do assim chamado realismo). Eis como a caracterizou Machado de Assis em 1859: "É a trágica eminente, na majestade do porte, da voz e do gesto, figura talhada para um quinto ato de

---

4. V. Jacquemont, *Voyages dans l'Inde*, Paris, 1841, pp. 57-58.

Ludovina Soares da Costa (litografia de A. de Pinho, a partir do ambrótipo de Pacheco e Smit).

Corneille, trágica pelo gênio e pela arte, com as virtudes da escola e poucos dos seus vícios"[5]. Os incidentes políticos que se seguiram à abdicação de D. Pedro I não impediram que o teatro nacional se organizasse, substituindo aos poucos a tutela de Lisboa pela de Paris. Surgira, a princípio aprendendo com os colegas portugueses, depois integrando-os em seus espetáculos e sobrepujando-os na preferência do público, um notável homem de teatro, João Caetano dos Santos (1808-1863) – talvez o maior ator que o Brasil já produziu. O seu repertório, muito extenso, porque as peças não se sustentavam em cartaz, e heterogêneo, porque devia atender a vários públicos, buscou munição onde a encontrava: nas derradeiras tragédias clássicas francesas, nos nascentes dramas românticos (uma peça de Victor Hugo, nove de Alexandre Dumas), nos autores espanhóis recentes (Martínez de la Rosa, García Gutierrez), nos românticos portugueses (Almeida Garrett e companheiros de geração literária). O seu mais duradouro título de glória consistiu na criação da personalidade selvagem de *Otelo* – o *Otelo* de J. F. Ducis, é verdade, classicizado e domesticado na versão francesa do século XVIII, mas de algum modo ainda ligado à grandeza shakespeariana. Quanto ao pão de cada dia, medido pela média da bilheteria, quem se encarregou de fornecê-lo ao ator brasileiro foi o imbatível melodrama, que, transbordando do palco para o romance, tingia de cores berrantes tanto a imaginação popular quanto a letrada. Nesta linha de forte teatralidade, que por isso mesmo ensejava vigorosas interpretações cênicas, João Caetano percorreu toda a série de melodramaturgos franceses, de Guilbert de Pixérécourt a Anicet-Bourgeois.

5. J. M. Machado de Assis, *Crítica Teatral*, Rio de Janeiro, Jackson, pp. 132-133.

João Caetano dos Santos (litografia de Lemercier, a partir de desenho de Boulanger).

Subsidiado pelo governo através da concessão de loterias, ocupando o Teatro de São Pedro de Alcântara, o mais famoso do País, o seu elenco constituiu-se, em certo momento, no que o Brasil já alcançou de mais parecido com uma companhia oficial. O modelo da "Comédie-Française" e do "Conservatoire" parisienses nunca esteve distante do seu pensamento, como atestam a escola de teatro que em vão procurou criar e o compêndio, *Lições Dramáticas*, que para ela escreveu, calcando-o em manuais franceses, nunca citados nas exatas proporções. A contrapartida desses sonhos de grandeza é a conclusão a que chegou em 1862, ao comparar as condições teatrais brasileiras às que acabara de observar na França. Ao passo que no Rio de Janeiro, escreveu, "um drama, por melhor que seja, cansa e não pode ir à cena mais do que três ou quatro vezes, qualquer ator medíocre nos teatros da Europa reproduz o papel como se dotado de grande talento, porque o estudou durante três ou quatro meses, e o reproduziu cincoenta ou sessenta vezes, sabendo-o por conseguinte de cor"[6].

Quanto aos autores brasileiros, o único feito de João Caetano – talvez um lance de sorte – foi ter levado ao palco no mesmo ano, 1838, as duas peças que têm sido consideradas a primeira tragédia e a primeira comédia nacional: *Antônio José ou O Poeta e a Inquisição*, de Domingos José Gonçalves de Magalhães (1811-1882), e *O Juiz de Paz da Roça*, de Luís Carlos Martins Pena (1815-1848). José Veríssimo discerniu o que significou historicamente a encenação da primeira dessas duas peças:

---

6. J. C. Santos, *Lições Dramáticas*, 3. ed., Rio de Janeiro, Serviço Nacional do Teatro, 1962, pp. 66-67.

João Caetano vestido para a cena.

Atores brasileiros ou abrasileirados, num teatro brasileiro, representavam diante de uma platéia brasileira entusiasmada e comovida, o autor de uma peça cujo protagonista era também brasileiro e que explícita ou implicitamente lhe falava do Brasil. Isto sucedia após a Independência, quando ainda referviam e bulhavam na jovem alma nacional todos os entusiasmos desse grande momento político e todas as alvoroçadas esperanças e generosas ilusões por ele criadas[7].

É discutível, no entanto, que o protagonista da peça de Gonçalves de Magalhães seja brasileiro. Que Antônio José da Silva (1705-1739), o Judeu por antonomásia, nasceu no Rio de Janeiro, não há dúvida. Por esse lado, relativo ao homem, ele pertence de fato ao Brasil. Mas toda a sua formação social, assim como toda a sua carreira de comediógrafo, autor de "óperas" bem aceitas pelo público, desenvolveram-se em Portugal, para onde partiu ainda menino, em companhia dos pais e já sob as vistas nefastas da Inquisição, que acabaria por condená-lo à morte, num dos últimos Autos-de-fé realizados em terras lusas[8].

Não era esse, contudo, o ponto de vista de Gonçalves de Magalhães. No prefácio da peça ele declara "que esta é, se me não engano, a primeira Tragédia escrita por um Brasileiro, e única de assunto nacional". E reitera tal opção: "Desejando encetar minha carreira dramática por um assunto nacional [...]". A preocupação com a nacionalidade era um traço característico do romantismo, que intencionava fincar as suas raízes históricas no passado de cada país, fugindo ao modelo supostamente universalizante que os clássicos franceses haviam bebido entre

---

7. J. Veríssimo, *História da Literatura Brasileira*, 3. ed., Rio de Janeiro, José Olympio, 1954, pp. 312-313.
8. Cf. J. O. Barata, *Antônio José da Silva – Criação e Realidade*, Universidade de Coimbra, 1985.

os gregos e os romanos. Mas o autor de *Antônio José* recusava-se a escolher entre as duas escolas, a antiga e a moderna: "Eu não sigo nem o rigor dos clássicos, nem o desalinho dos segundos [os românticos]; não vendo verdade absoluta em nenhum dos sistemas, faço as devidas concessões a ambos, ou antes, faço o que entendo, e o que posso"[9].

Na verdade Gonçalves de Magalhães lançava uma ponte entre a tragédia clássica, que admirava em Corneille, e o drama romântico, que, se o atraía, também o repelia, por sua indisciplina estética e sua amoralidade sexual. Ele mesmo o disse, com palavras candentes:

> Não posso de modo algum acostumar-me com os horrores da moderna escola; com essas monstruosidades de caracteres preternaturais, de paixões desenfreadas, de amores licenciosos, de linguagem requintada, à força de querer ser natural; enfim, com essa multidão de personagens e aparatosos *coups de théâtre*, como dizem os Franceses, que estragam a arte e o gosto, e convertem a cena em uma bacanal, em uma orgia de imaginação, sem bem moral algum, antes em seu dano.

A tragédia forneceu-lhe o quadro ficcional: cinco atos, em verso (decassílabo, na tradição trágica portuguesa), tom poético elevado, tempo e espaço reduzidos, poucas personagens, somente as indipensáveis à ação. O romantismo, já o romantismo social pós-1830, deu-lhe, em contrapartida, o amor à liberdade, entendida como fonte de todo progresso humano, o político como o artístico, o social não menos que o filosófico.

9. J. D. Gonçalves de Magalhães, *Tragédias*, Rio de Janeiro, Livraria de B. L. Garnier, 1865, pp. 5, 6. As demais citações virão deste volume, que inclui as tragédias *Antônio José* e *Olgiato*, com os respectivos prefácios.

Em *Antônio José*, o antagonista é a Inquisição, a tirania exercida em nome da religião católica, numa má versão do cristianismo. Em *Olgiato*, de 1839, a sua segunda e última peça, o adversário é o *condottiere* italiano Galeazzo Sforza, assassinado em Milão em 1476. Organiza-se contra ele uma conspiração, como acontecia em muitas peças escritas naquele momento, que colocavam em cena o problema do tiranicídio, exemplificado, no passado clássico, pelo gesto de Bruto, sacrificando Júlio César para manter Roma livre.

A posição de Gonçalves de Magalhães dentro da história do teatro brasileiro é das mais ambíguas. Ponto pacífico é que com ele se inicia a nossa dramaturgia moderna. Já não diríamos o mesmo quanto à sua intrincada relação com o romantismo teatral: ele nunca definiu bem se queria ser o último clássico ou o primeiro romântico. Talvez a sua contribuição mais inovadora, neste ponto, consista naquilo que ele chamou no prefácio de *Antônio José*, referindo-se ao espetáculo protagonizado por João Caetano, de "novidade da declamação e reforma da arte dramática", ao substituir "a monótona cantilena com que os atores recitavam seus papéis, pelo novo método natural e expressivo, até então desconhecido entre nós". Ou seja, ele teria trazido da França, onde passara alguns anos e vira muitos espetáculos, o estilo romântico de representar, arrojado, de grande ação corporal (chamado "acionado"), feito de explosões físicas e emocionais, melodramático se comparado ao cadenciado desempenho clássico, que, para sugerir nobreza, media gestos e palavras.

Esse efeito de choque sobre a sensibilidade do espectador, essa impressão de contato direto com realidades brutais que o espetáculo deveria causar, chegava ao drama romântico francês por intermédio do melodrama, que o antecedera por alguns decênios, tendo nascido por volta de 1800. No Brasil, dois autores, entre 1835 e 1845, tentaram introduzir na dramaturgia nacional os enredos enovelados, cheios de surpresas, de golpes inesperados, os *coups de théâtre* aos quais Gonçalves de Magalhães aludira com tanto desagrado.

São eles: Luís Antônio Burgain (1812-1877), francês de nascimento, mas autor teatral brasileiro[10], e Luís Carlos Martins Pena (1815-1848), em sua primeira fase, a dos dramas descabelados (os cabelos livres e soltos dos românticos opunham-se à compostura das perucas clássicas herdadas do século XVIII).

Esses dramas supostamente históricos, nos quais a história só entrava como pretexto, passavam-se como regra na Europa; englobavam na mesma trama passado e presente, um repercutindo sobre o outro; traziam ao palco vinte ou trinta pessoas, incluindo protagonistas, personagens de apoio e simples figurantes; continham música incidental, como no melodrama, e às vezes danças, como na ópera. Tanto empenho em enriquecer a ação e rechear o palco revelava-se, contudo, ilusório. João Caetano, em torno do qual girava o teatro no Rio de Janeiro, não chegou a representar tais peças. A verdade é que não é melodramaturgo quem quer, mas quem domina com precisão a chamada carpintaria teatral, a arte de preparar bem e desfechar com vigor os botes dramáticos que subjugarão o público.

Tínhamos de nos contentar, portanto, com obras teatrais publicadas sem antes passar pela prova do palco, válidas pelo nível literário, superior ao dramatúrgico. São peças não representadas na ocasião, a não ser, assim mesmo em caráter de exceção, por amadores.

---

10. Cf. I. Huppes, *Gonçalves de Magalhães e o Teatro do Primeiro Romantismo*, Porto Alegre, Fates, 1995, pp. 154-162.

Gonçalves Dias, Porto Alegre e Gonçalves de Magalhães: os três escreveram para o teatro.

A primeira, em ordem cronológica e também em ordem de qualidade, é *Leonor de Mendonça*, não só o mais belo drama romântico brasileiro, mas o único que tem sido revivido com certa freqüência em versões modernas. Tem por protagonista a Duquesa de Bragança, da mais alta estirpe portuguesa, que foi morta por seu esposo, sob suspeita de adultério. Antônio Gonçalves Dias (1823-1864), quando o terminou, em 1846, aos vinte e três anos de idade, assim o sintetizou:

> A ação do drama é a morte de Leonor de Mendonça por seu marido: dizem os escritores do tempo que D. Jaime, induzido por falsas aparências, matou sua mulher; dizem-no, porém, de tal maneira, que facilmente podemos conjecturar que não foram tão falsas as aparências como eles no-las indicam.

A trama dramática explora com sensibilidade essa estreita faixa entre os indícios físicos e as incertezas morais, delineando o quadro de um adultério apenas pensado, no qual o amor entre um rapaz solteiro e uma mulher mal casada não tem o ímpeto ou o tempo necessários para se consumar. A força que move as personagens, levando-as ao crime ou à morte, não é a fatalidade cega e incompreensível de tantos "dramas do destino" românticos, mas algo que antecipa de perto o determinismo psicológico e social de nossos dias. "É a fatalidade cá da terra – adverte o autor no prólogo – que eu quis descrever, aquela fatalidade que nada tem de Deus e tudo dos homens [...]; aquela fatalidade, enfim, que faz com que um homem pratique tal crime porque vive em tal tempo, nestas ou naquelas circunstâncias"[11]. As circunstâncias, no caso, não dispensan-

---

11. A. Gonçalves Dias, *Teatro*, Rio de Janeiro, H. Garnier, s.d. (1908?), pp. 131-132.

do um fundo psicológico neurótico (sadismo e masoquismo), são fortemente sociais. Dada a hierarquia predominante em Portugal no início do século XVI, na hora do confronto, o mais nobre por força estralhaçará o menos nobre, como o homem esmagará a mulher. Nas palavras do autor: "Quando algum dia a luta se travasse [...], o mais forte espedaçaria o mais fraco; e assim foi". A nobreza nem sempre fazia jus ao seu nome. O amor e o seu irmão inimigo, o ciúme, desempenhavam papéis fundamentais na dramaturgia de Gonçalves Dias. Ao compor *Leonor de Mendonça* ele já trazia na sua bagagem teatral duas peças juvenis, *Beatriz Cenci* e *Patkull.* E contava com a terceira para subsistir economicamente no Rio de Janeiro, onde chegara, vindo do Maranhão. A sua decepção não poderia ser maior.

O meu drama [escreveu a um amigo] foi aprovado pelo Conservatório [Dramático, órgão de censura moral e literária] com muita soma de louvores. Levei-o ao João Caetano, que me fez saber ser bom e belo o cujo sobredito drama, porém que para o levar à cena carece de me falar. Ora aqui é que a porca torce o rabo: o João Caetano é um homem temível – infatigável – invisível, se o procuras na Corte – está em Niterói – se o procuras em Niterói, voltou para a Corte; se o procuras em casa, está no Teatro, se no Teatro, está no escritório, se no escritório, está (na) rua, e hás de concordar comigo que a rua é um lugar bem dificultoso de se topar de propósito com um indivíduo[12].

Já se adivinha, por esse jogo de evasivas, o desfecho do episódio: *Leonor de Mendonça* não subiu ao palco. O poeta maranhense escreveria ainda outro drama, *Boabdil,* que teve melhor sorte: foi encenado uma vez, ao que dizem, na Alemanha.

---

12. *Anais da Biblioteca Nacional,* vol. 84, p. 54.

Outra autêntica vocação dramatúrgica perdeu-se com a morte prematura de Manoel Antônio Álvares de Azevedo (1831-1852). Menino prodígio, de leitura espantosa para a idade, ele sonhava, para a concretização de sua "utopia dramática", com "alguma coisa entre o teatro inglês, o teatro espanhol e o teatro grego". Duas novidades teóricas vão aí expressas, em contraste com o que se via e se lia no Brasil: o abandono das fontes francesas recentes (com exceção de *Chatterton*, de Alfred de Vigny, que também Gonçalves Dias admirava), em proveito das raízes inglesas e espanholas do romantismo; e o desejo de deixar para trás as polêmicas estéticas de 1830, casando, no mesmo texto, "a força das paixões de Shakespeare [...], a imaginação de Calderón de la Barca e Lope de Vega, e a simplicidade de Ésquilo e Eurípides"[13]. Um novo classicismo, em suma, que disciplinasse toda a incandescência emocional do romantismo.

A peça, ou fragmento de peça, *Macário*, que deixou entre os seus inéditos ao morrer aos vinte anos, desmente, contudo, esse sábio equilíbrio. Ele mesmo o confirma: "Esse drama é apenas uma inspiração confusa – rápida – que realizei à pressa como um pintor febril e trêmulo". Acentuando que não o destinava à cena, apontou entre as suas fontes inspiradoras, ao lado de escritores cujos nomes não causam surpresa – Shakespeare, Byron, Alfred de Musset –, um ficcionista alemão que não se esperaria no contexto literário nacional: Hoffmann.

Macário desenrola-se em dois episódios. O primeiro é quase uma peça completa, com começo, meio e fim. Mostra o encontro entre Satã, em versão européia – olhos azuis de alemã, calça à inglesa, luvas de pelica – e Macário, que vai estudar

---

13. Álvares de Azevedo, *Macário*, Unicamp, 1982, pp. 1-5. Prefácio de Antônio Candido. As citações do autor virão desta fonte.

Álvares de Azevedo (litografia de Martinet, a partir de desenho de Boulanger).

em São Paulo, a exemplo do que fazia então o autor. Como este, ele é jovem, poeta, sensível, mas esconde tanto quanto pode essas fraquezas, lançando mão da ironia e de uma forçada frieza emotiva. O precário enredo coloca as personagens entre o vivido e o sonhado, o acontecido e o onírico. Só a última réplica rompe esta hesitação entre o natural e o sobrenatural, que Todorov considera a característica da literatura fantástica[14]. A conclusão é definitiva: "o diabo andou por aqui!"

No segundo episódio, infelizmente, a peça perde o fio da meada, divagando por uma Itália estranhamente semelhante ao Brasil, onde se ouve a "toada monótona da viola" e a "cantilena do sertanejo". A entrada de novos personagens, notadamente de Penseroso, desdobramento e opositor de Macário, dá oportunidade a que se discuta em termos vagos o objetivo da poesia americana. Tem ela a obrigação de celebrar a opulência da natureza tropical? Ou deve entregar-se sem remorsos patrióticos à lira do desespero, vibrada por "mãos ardentes e convulsas de febre"? Em torno desse eixo literário, com o diálogo descambando freqüentemente para a simples conversa, ainda que desvairada, vem à tona a inquietude da adolescência, cindida entre a sensualidade carnal (a meretriz) e o sentimento amoroso lavado de suas escórias (a virgem), dividida entre a prece e a blasfêmia, o hedonismo materialista (o charuto, o *cognac*, a orgia) e a transcendência espiritualista. *Macário* embebe-se e às vezes embebeda-se de literatura. Mas num nível de dicção que parece anunciar, nesse poeta que escreve tão bela prosa, um dos possíveis autores do grande teatro romântico que o Brasil jamais chegou a ter.

14. T. Todorov, *Introduction à la litterature fantastique*, Paris, Seuil, 1970, p. 29.

3
O Nascimento da Comédia

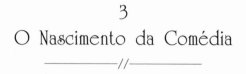

Até esta altura, meados do século XIX, raríssimas eram as peças de assunto nacional. O drama romântico brasileiro, que já trocara a poesia pela prosa, não se apoiou de início sobre a oposição entre a Europa e a América, como fará mais tarde. Das tragédias de fundo romântico de Gonçalves de Magalhães, uma se passa em Portugal, a outra na Itália. Dos dramas imaturos que Martins Pena escreveu entre 1837 e 1841, dois ocorrem na Idade Média portuguesa, dois na Itália e na Espanha, países privilegiados pelo romantismo. As peças de Gonçalves Dias têm como cenário a Itália, a Polônia, Portugal e a Espanha ocupada pelos árabes. Transcorrem no Brasil unicamente peças de qualidade literária secundária, como *Fernandes Vieira ou Pernambuco Libertado*, de Burgain, ou tentativas malogradas de adaptar ao palco o indianismo vitorioso na poesia, como *Itaminda*, de Martins Pena, e *Cobé*, de Joaquim Manoel de Macedo.

Um tipo de peça que retratava o Brasil, contudo, subiu ao palco com freqüência, mesmo nos anos mais adversos à dramaturgia nacional: a comédia em um ato. É que as representações duravam horas, oferecendo ao público, além de um drama (ou melodrama) completo, uma ou duas pecinhas cômicas, se possível recheadas com números de canto e dança. A prática do entremez, como complemento de espetáculo, chegara ao Rio de Janeiro trazida pelos artistas portugueses que aportaram aqui em 1829, na companhia encabeçada por Ludovina Soares da Costa. Tratava-se de um espaço de tempo pequeno, não mais do que vinte ou trinta minutos. Mas foi o suficiente para que Martins Pena nele empreendesse uma bem sucedida carreira de comediógrafo, a primeira que em proporções tais conheceu o Brasil[1].

O entremez de Portugal[2], gênero pouco estudado por ficar à margem do circuito literário, tinha uma presença sobretudo de palco, como expressão mais da graça pessoal e das improvisações do ator que das invenções do texto. Tudo começando e acabando em não mais do que meia hora, não havia lugar para digressões ou elaborações. A ação usava e abusava das convenções da farsa popular: quanto a personagens, tipos caricaturais, burlescos, não raro repetitivos; quanto a enredo, disfarces, qüiproquós, pancadaria em cena.

Martins Pena assimilou esses processos tradicionais, na medida em que se foi assenhoreando da técnica e dos truques do ofício, mas sempre adicionando-lhes uma nota local, de

---

1. Cf. R. Magalhães Jr., *Martins Pena e sua Época*, Rio de Janeiro, Lisa–MEC, 1971; V. S. Areas, *Na Tapera de Santa Cruz*, São Paulo, Martins Fontes, 1987.
2. Cf. J. O. Barata, *Entremez sobre o Entremez*, separata de *Biblos*, Universidade de Coimbra, 1977.

referência viva ao Brasil, de crítica de costumes, na linha de certas comédias de Molière, de quem foi logo considerado discípulo. O seu teatro revela um pendor quase jornalístico pelos fatos do dia, assinalando em chave cômica o que ia sucedendo de novo na atividade brasileira cotidiana, com destaque especial para a cidade do Rio de Janeiro. Eis alguns dos seus temas: a criação dos Juizados de Paz (*O Juiz de Paz da Roça*); as festas populares periódicas (*A Família e a Festa na Roça, Judas em Sábado de Aleluia*); a chegada triunfal da ópera romântica italiana, representada pela *Norma* de Bellini (*O Diletante*); a novidade introduzida na medicina pela homeopatia (*Os Três Médicos*); a exploração de esmolas, pedidas em nome de irmandades religiosas (*Os Irmãos das Almas*); a falsificação de produtos portugueses (*O Caixeiro da Taverna*); e até mesmo, incidente registrado nos jornais da época, as desventuras por cima de telhados de um candidato a D. Juan (*Os Crimes de um Pedestre ou O Terrível Capitão do Mato*). Sem esquecer, claro está, *O Noviço*, o seu maior sucesso de publicação (inúmeras edições) e de representação (constantes versões cênicas), peça que só erra quando o autor, para chegar à comédia em três atos, multiplica por três os episódios do enredo, utilizando, por exemplo, três disfarces (homem casado como frade, rapaz como mulher, moça como frade) e três esconderijos (debaixo da cama, dentro do armário, no meio da escuridão). O ritmo, em suma, não se alterou, conservando a urgência e a precipitação do entremez.

De todos os meios sociais, descritos com certa minúcia, resultam algumas áreas bem determinadas. No centro da vida nacional está o Rio de Janeiro, isto é, a Corte, habitada por melômanos identificados com a cultura européia, oficiais da Guarda Nacional (recentemente organizada), empregados pú-

Luís Carlos Martins Pena.

blicos relutantes em trabalhar, vadios citadinos, comerciantes aladroados, falsos devotos, ingleses espertalhões, enfim, a fauna humana que se espera dos grandes aglomerados urbanos. Mas é também lá, na Corte, que se encontra o teatro, que transfigura a realidade em ficção, e, suprema delícia, a ópera, com o seu cortejo de fanáticos, capazes de distinguir e apreciar um falsete bem lançado. Perto do Rio de Janeiro – pode-se vir de lá a pé, em algumas horas – situa-se a roça, delineada em traços firmes, através de seus cacoetes de fala e de seus hábitos coletivos: o que se bebe, o que se come, o que se veste, o que se planta. Bem mais distante, entrevê-se o sertão, um tanto bruto, um tanto violento, disposto se for preciso a manejar a espingarda, porém com virtudes morais não contaminadas pelos malefícios da civilização. O representante dessa longínqua região é o tropeiro paulista, com muito de sulista (o Paraná ainda não se desmembrara de São Paulo), de gaúcho mesmo, que opõe a viola caipira ao piano do carioca, e às árias operísticas (*Qual cor tradisti*) a toada sertaneja (*Sou um Triste Boiadeiro*). Veja-se o seu traje, desenhado com a precisão de quem passara pela Academia das Belas-Artes: "bota branca, calça e jaqueta de ganga azul e poncho de pano azul forrado de baeta vermelha"[3]. Bons olhos e bons ouvidos (ouvido do crítico de música que ele foi), eis o que certamente não faltava a Martins Pena.

Nesse microcosmo cênico, dotado de notável pugnacidade, pronto a deblaterar, a passar do bate-boca às bofetadas, os nacionais defrontam-se com os estrangeiros; os honestos com os velhacos; as mulheres com os maridos; os filhos com os pais,

---

3. Martins Pena, *Teatro*, Rio de Janeiro, Instituto Nacional do Livro, 1956, vol. 1, p. 216.

que lhes querem impingir cônjuges e profissões. E quase nunca os vencedores são os que se julgam mais fortes. Reina no palco, ao cair do pano, a justiça poética, típica da comédia. Ganham os melhores, ou pelo menos os mais simpáticos à platéia, embora lançando mão às vezes, para triunfar, de truques mais ou menos sujos. Não importa. "Tudo está bem quando termina bem", sentenciou alegremente Shakespeare.

Há uma peça, *Os Dois ou O Inglês Maquinista*, em que todos estes confrontos são expostos de maneira exemplar. O rapaz e a mocinha que se amam enfrentam e vencem, a um só tempo, a mãe dela e dois pretendentes à sua mão, mais velhos e mais poderosos, um negreiro que vende "meias-caras" (escravos africanos importados ilegalmente) e um inglês trapalhão, inventor de uma máquina mirífica, que transforma ossos em ouro. Era, neste ponto, a Revolução Industrial britânica que chegava à nossa comédia, sob feições mentirosas, para nela permanecer por longo tempo. Engenharia, no Brasil, era com os ingleses, como moda com os franceses e canto com os italianos.

O Martins Pena comediógrafo, seja pelo temperamento, seja pela escrita teatral, nada tinha de romântico (a comédia romântica, quando existe, banha-se na fantasia poética de Shakespeare). Ao contrário, o escritor brasileiro, em suas peças cômicas, satirizou as atitudes exaltadas e as declarações de amor bombásticas. Mas foi romântico, ainda que a contragosto, pela época em que viveu e que retratou com uma mistura inconfundivelmente pessoal de ingenuidade e de engenhosidade artística. E tanto mais por possuir em alto grau duas qualidades prezadas pela ficção romântica: o senso da cor local e o gosto pelo pitoresco. Aplicou ambas ao Brasil, menos para distingui-lo da Europa (caberia ao drama histórico tal tarefa) e mais para dividi-lo nos diversos Brasis que coexistiam no tempo: o da Corte, o da roça e o do sertão. Os autores cômicos que se lhe seguiram, até o final do século, não se esqueceram dessa lição. O homem do interior perdido na cidade do Rio de Janeiro tornou-se uma das personagens clássicas de nossa comédia de costumes.

O teatro de Martins Pena revela ainda algo de primitivo, de arte que está nascendo, engendrando aos poucos a si mesma. As festas populares, por exemplo, não passam nas primeiras peças de fechos cênicos que se justapõem ao enredo, sem propriamente integrá-lo. É o que acontece no segundo quadro de *A Família e a Festa da Roça*, todo ele dedicado à Folia do Espírito Santo, com o seu Imperador e o seu leilão, onde se oferecem prendas caseiras, como um pão-de-ló e uma galinha enfeitada com laços de fita. Já em *Judas em Sábado de Aleluia*, o folguedo de rua, entrando pela casa adentro, fornece a base sobre a qual constrói-se o enredo. A fusão entre peça e espetáculo, entre o falado, o cantado e o exibido, completou-se.

Esses aspectos populares, aliás encantadores, semelhantes ao de determinada pintura primitiva, não indicam, contudo, um autor canhestro ou ignorante. Martins Pena era um homem culto, que conhecia bem música e literatura, além de dominar no mínimo duas línguas estrangeiras, o francês e o italiano, a primeira ligada ao teatro que se fazia no Rio de Janeiro e a segunda à ópera. Quando morreu, com não mais do que trinta e três anos, estava a ponto de iniciar uma nova etapa em sua vida, ao partir para a Inglaterra em funções diplomáticas. Até onde ele iria, depois desse impulso, jamais saberemos: vitimou-o a tuberculose, por sinal doença romântica, a mais fatal de todas elas.

Se o humor de Martins Pena é lúdico, divertindo-se com as cabriolas que faz as suas personagens executarem no palco, o seu espírito crítico é ferino, percuciente, com o seu tanto de causticidade. Só que ele o põe a serviço de uma visão cômica do homem e da sociedade, cobrando todos os erros, inclusive os políticos, que não rareiam em sua obra, muito mais pelo riso do que pelas indignações inflamadas.

4
O Drama Histórico Nacional

————//————

Leonor de Mendonça e *Macário* são dramas que se levantam como picos isolados, podendo ser filiados, respectivamente, à face lírica, amorosa, e à face fantástica do romantismo. As quatro peças agrupadas a seguir, em contrapartida, formam sem dificuldade um bloco único, se submetidas à perspectiva histórica. Não mantiveram na realidade qualquer relação entre si, mas buscam todas dizer alguma coisa sobre o Brasil, como país independente ou como nacionalidade. Nesse sentido inscrevem-se, um tanto tardiamente, no romantismo social desabrochado depois de 1830[1].

Tais peças, escritas entre 1858 e 1867, tendo objetivos estéticos parecidos, apresentam estruturas semelhantes. Como local de ação, os países europeus desaparecem. O próprio Portugal passa do papel de pai nobre ao de pai tirano. O

---

1. Cf. R. Picard, *Le romantisme social*, New York, Brentano's, 1944.

quadro ficcional é amplo no espaço, no tempo e no número de personagens, não excluindo como simpático pano de fundo, que surge nos finais de ato, nem mesmo o povo. O par amoroso, constituído por um rapaz e uma moça solteiros, conserva-se em primeiro plano, mas sem ocupar o centro das atenções, voltado agora para o ângulo político. Enfim, traço essencial, o enredo entrelaça, entre as personagens, figuras imaginárias e pessoas de comprovada existência histórica. E, se os autores interrogam o passado, é para esclarecer o presente e projetar possivelmente o futuro.

Calabar, drama em versos decassílabos brancos (resquício da tragédia clássica), de Agrário de Menezes (1834-1863), abre na Bahia, em 1858, este pequeno ciclo. Domingos Fernandes Calabar, que o inspirou, deve a sua fama, ou infâmia, à circunstância de ter aderido aos holandeses em meio à luta armada que estes travaram na primeira metade do século XVII para se estabelecerem no Nordeste brasileiro. Calabar seria o vilão completo, o traidor por excelência (sentido que o seu sobrenome adquiriu), não fossem duas atenuantes: era mulato, portanto em princípio adverso aos brancos portugueses, e, ao ser preso e condenado à morte, voltou contrito aos braços da religião católica. A significação social de tal fato histórico é que ele teria sido uma das primeiras manifestações nativistas em nosso território, juntando, contra os invasores, portugueses, índios e negros, cada facção com chefe próprio. Era o Brasil, como mistura de raças, que despontava. Sobre esse panorama ergue Agrário de Menezes a imagem romântica, entre trágica e melodramática, de Calabar, herói e anti-herói, capaz de grandes feitos e de grandes crimes. Homem destinado à marginalização, por sua condição de mulato ("a cor do meu destino"), não se julgava devedor nem dos portugueses nem dos holandeses, "senhores ambos, ambos tiranos". A paixão por uma brasileira, descendente de índios, leva-o a possuí-la pela força e a matar o seu rival português. O crime, somado ao seu ressentimento de mulato, faz com que ele troque inesperadamente de lado durante a luta. Mas, no momento derradeiro, esse guerreiro "sanhudo e fero como um tigre" (e a sombra de Otelo passa pelo palco), esse "gênio satânico" (e a figura do Diabo não anda longe), ao reconciliar-se com a sua terra de nascimento, conclama os brasileiros a se libertarem, remetendo o público ao gesto de D. Pedro I em 1822: "Pátria! Pátria! Conquista a liberdade!"[2].

Em *O Jesuíta*, a fantasia prevalece francamente sobre a história. Quando o escreveu, para comemorar em 1861 a data de 7 de setembro, José de Alencar (1829-1877) achou que a Independência do Brasil, por estar ainda muito próxima, escapava ao alcance da "musa épica"[3]. Ele não queria que a realidade, conhecida de todos, pusesse limites à imaginação poética. Preferiu, em vez de retratar o verdadeiro, inventar um movimento de libertação nacional prematuro e malogrado, que teria ocorrido em meados do século XVIII. O jesuíta do título é o Dr. Samuel, na aparência um idoso médico italiano residente no Rio de Janeiro, mas na verdade o Vigário-Geral da Companhia de Jesus no Brasil, país onde nascera. Homem de visão quase profética, domina os que o cercam pela inteligência e pela vontade. O fim grandioso que o orienta – vamos desvendando aos poucos – é nada menos que a Independência nacional. Poderia então o Brasil realizar os seus "altos destinos", dando abrigo aos índios e aos ciganos, povos esquecidos ou recusados

2. A. Menezes, *Calabar*, Bahia, Tipografia Bazar, 1858, p. 208.

3. J. Alencar, *Teatro Completo*, Rio de Janeiro, Serviço Nacional do Teatro, 1977, vol. 1, p. 267.

pela Europa. Mas Alencar nada diz sobre os negros, talvez por preconceito racial, talvez por julgá-los já integrados, ainda que pela escravidão, à vida diária brasileira. O ousado projeto do Dr. Samuel, amadurecido através dos anos, com milhares de pessoas a seu serviço, esboroa-se quando o governo português, representado pelo Conde de Bobadela, executa em 1759 a expulsão dos jesuítas de terras brasileiras. O protagonista da peça, no entanto, antes de desaparecer como por um milagre cênico, empraza o antagonista para "daqui a um século": "Não vês que o gigante se ergue e quebra as cadeias que o prendem? Não vês que o velho tronco de reis-heróis, carcomido pela corrupção e pelos séculos, há de florescer de novo nesta terra virgem e aos raios deste sol criador?"[4]. A "musa épica" de José de Alencar, tendente às idéias gerais, como em seu mestre Victor Hugo, apoiava-se sobre dois mitos correntes no século XIX: o da América como espaço moral em que renasceria a humanidade liberta de suas mazelas européias e o do jesuitismo como poder conspiratório, força oculta movendo em silêncio indivíduos e nações.

Sangue Limpo, do pouco lembrado escritor paulista Paulo Eiró (1836-1871), drama representado em São Paulo em 1861 e publicado em 1863, aborda o fato central desta dramaturgia histórica. Mas não diretamente. A peça inicia-se com a chegada a São Paulo do príncipe D. Pedro e termina, no dia 7 de Setembro de 1822, com populares que saúdam, no fundo da cena, a passagem do já então D. Pedro I, gritando "Independência ou Morte". No primeiro plano alguém exclama: "Descu-

---

4. J. Alencar, *Teatro Completo*, Rio de Janeiro, Serviço Nacional do Teatro, 1977, vol. 2, p. 498.

bram-se, filhos... É o Brasil que passa"[5]. O episódio da Independência, porém, é menos a matéria do drama que o mote necessário ao autor para desenvolver "o pensamento capital" da peça, assim apresentado no prefácio:

> Todos sabem de que elementos heterogêneos se compõe a população brasileira e os riscos iminentes que pressagia essa falta de unidade. Não é somente a diferença do homem livre ao escravo; são as três raças humanas que crescem no mesmo solo, simultaneamente e quase sem se confundirem. [...] Penso eu [...] que o presente deve ser o preparador do futuro; e que é dever de quantos têm poder e inteligência, qualquer que seja a sua vocação e o seu posto, do poeta como do estadista, apagar essas raias odiosas, e combater os preconceitos iníquos que se opõem à emancipação completa de todos os indivíduos nascidos nesta nobre terra.

Era estender de um só golpe, corajosamente, o conceito de liberdade do âmbito internacional ao nacional, levantando, como correlatas à Independência de 1822, duas questões ainda em germinação: a abolição do regime escravocrata e a extinção dos preconceitos raciais. No contexto da peça, as três idéias surgem interligadas, na boca de um sargento mulato, naturalmente brasileiro, ante um oficial português:

> Sou filho de um escravo, e que tem isso... Onde está a mancha indelével? ... O Brasil é uma terra de cativeiro. Sim, todos aqui são escravos. O negro que trabalha seminu, cantando aos raios do sol; o índio que por um miserável trabalho é empregado na feitura de estradas e capelas; o selvagem que, fugindo às bandeiras, vaga de mata em mata; o pardo a quem apenas se reconhece o direito de viver esquecido; o branco, enfim, o branco orgulhoso que sofre de má cara a insolência das Cortes [portuguesas] e os desdéns dos

---

5. P. Eiró, *Sangue Limpo*, 2. ed., São Paulo, separata do Arquivo Municipal, 1949, p. 98.

europeus. Oh! quando caírem todas essas cadeias, quando estes cativos todos
se resgatarem, há de ser um belo e glorioso dia!

Gonzaga ou A Revolução de Minas, de Antônio de Castro
Alves (1847-1871), peça escrita aos vinte anos e estreada por
amadores em 1867, na Bahia, também comemora o feito de
1822. Mas a seu jeito, voltando atrás trinta e poucos anos. A
Inconfidência Mineira, de 1789, deve a posição privilegiada que
ocupa no ideário cívico do Brasil a mais de um fator: foi a
primeira tentativa séria de emancipação nacional; produziu a
figura mítica de Tiradentes; e contou com a participação de
alguns dos maiores poetas brasileiros – ou ainda luso-brasilei-
ros – da fase colonial. Castro Alves entrelaça três fios no seu
enovelado enredo. O fio que corre com menos profundidade,
surpreendentemente, é do da Revolução de Minas, invocada
no título. Os inconfidentes são mostrados, numa visão histórica superficial, como rebeldes ansiosos não tanto em vencer
como em desafiar o perigo com elegante e juvenil displicên-
cia. "Todos ao banquete da morte, revolucionários", incita, como
num brinde festivo, Cláudio Manoel da Costa, que se suicida-
ria (ou seria morto na prisão) logo no início do processo ins-
taurado pelo Visconde de Barbacena, Governador de Minas. O
segundo fio é o que dava atualidade ao drama, naqueles anos
em que a campanha abolicionista começava a pegar fogo. O
reencontro de Luís, ex-escravo, que cuida de Gonzaga como
se fosse o seu anjo da guarda, com Carlota, a filha que perde-
ra de vista há muito tempo, permite que se exponha a desu-
manidade fundamental da escravidão, capaz de separar pais e
filhos, maridos e mulheres. O escravo aparece não só como
vítima de abusos sexuais mas também como mero objeto, destituído de responsabilidade moral, "alguma coisa – nas pala-

Castro Alves (auto-retrato, em desenho a lápis grafite).

vras de Luís – que está entre o cão e o cavalo". É o terceiro fio que puxa o enredo de princípio a fim. Os amores de Maria Dorotéia e Tomaz Antônio Gonzaga, cantados liricamente pelo poeta em *Marília de Dirceu*, volume de versos dos mais lidos no século XIX, adquirem, por um curioso milagre de ficção teatral, o mais temível adversário que se poderia esperar: o próprio Visconde de Barbacena, isto é, o representante oficial do poder. O drama, não obstante, assume por esse lado ares de comédia, de escaramuças cênicas, de mascaradas, de emboscadas malignas e fugas oportunas, de jogo entre "Anjo e Demônio" (título do segundo ato), no qual Maria Dorotéia, o Anjo, acaba sempre vencendo pela astúcia e pelo riso o cerco obstinado que lhe faz Barbacena. Castro Alves, tudo indica, pretendia conjugar, no mesmo texto teatral, a grandeza de Victor Hugo e a sagacidade cênica de Alexandre Dumas (instigado, porventura, nesta segunda parte, por Eugênia Câmara, atriz e poetisa portuguesa, bem mais velha do que ele, com quem mantinha então uma rumorosa ligação amorosa e literária). Mas faltava-lhe, para alcançar o seu intento, maior maturidade, quer como homem, quer como escritor de teatro. Teve razão José de Alencar, quando escreveu: "Há no drama *Gonzaga* exuberância de poesia. Mas deste defeito a culpa não foi do escritor; foi da idade". Como acertou Machado de Assis, ao acrescentar que era ainda necessário ao poeta, tão jovem e tão talentoso, "separar completamente a língua lírica da língua dramática"[6].

Estes dramas históricos, cujos autores incluíam o maior romancista, Alencar , e um dos maiores poetas do período, Castro Alves, tiveram na prática a mesma melancólica sina das

---

6. A. Castro Alves, *Obra Completa*, Rio de Janeiro, José Aguilar, 1960, pp. 791, 795.

peças de Gonçalves Dias e Álvares de Azevedo: nunca chegaram ao palco da maneira como desejavam. Só foram encenadas, na melhor das hipóteses, em cidades distantes do centro teatral, que era o Rio de Janeiro, por conjuntos amadores ou semiprofissionais. Ou, então, surgiram em cena fora do seu prazo estético, caso de *O Jesuíta*, escrito em 1861, mas representado no Rio de Janeiro, em condições julgadas insatisfatórias pelo autor, apenas quatorze anos depois. É, de resto, um teatro meio temporão, bebido em nascentes que na própria terra de origem, a França, achavam-se um tanto esgotadas. O romantismo continuava como fonte poética, porém, no palco, já dera lugar a outros projetos estéticos.

5
O Realismo no Teatro

O romantismo alargara na França, mestra do Brasil, a porta estreita do classicismo para que o fluxo do século XIX pudesse passar. Nada de tempo e espaço ficcionais limitados de antemão, nada de regras impostas à visão poética do escritor, nada de enredos centralizados em torno de uma história só. O poeta, ou seja, o criador, pois esta é a raiz etimológica da palavra, deve voar na amplidão, sustentado pelas asas da imaginação, pelo dom da fantasia que lhe faculta, em princípio, todas as liberdades, as formais não menos que as de conteúdo. A arte foi feita para libertar, não para constranger.

O realismo, sobrevindo uma geração depois, após o fracasso das tentativas revolucionárias de 1848, significou, para o escritor de teatro, o fim desses sonhos de grandeza, o retorno ao rebanho e ao senso comum. Ele se reconhece como um homem entre os outros homens, alguém interessado na vida em sociedade, não nas escapadas ao infinito de alguns seres bafejados pela poesia. Victor Hugo, em 1830, legislava para o gênio. Alexandre Dumas Filho, em 1860, pensa no bom cidadão – na prática, o burguês, que nem assume ares superiores de aristocrata, nem possui a curteza de vista do povo. O tema da liberdade, primeiro para as nações, depois para os indivíduos, cede lugar à idéia burguesa de ordem, de disciplina social. Se o núcleo do drama romântico era freqüentemente a nação, passa a ser, no realismo, a família, vista como célula mater da sociedade.

Retraindo-se o quadro histórico, que transita do passado ao presente, encolhe-se e simplifica-se o quadro ficcional: enredos verossímeis, personagens tiradas da vida diária, episódios fortemente encadeados, girando sobre não mais do que um eixo dramático. A cena, tendo de sugerir salas familiares, semelhantes às que se encontram fora dos teatros, enche-se aos poucos de adereços: mesas, cadeiras, poltronas, sofás, cômodas, estantes, vasos de flores, estatuetas. A marcação – os passos dados pelos atores, as mudanças de posição destinadas a explicitar os sentimentos ou apenas a movimentar a parte visual – volta-se para dentro, para o centro do palco. Os atores já não se dirigem tão ostensivamente ao público, antes fingindo ignorá-lo, dando-lhe por vezes as costas. Ora, este enriquecimento progressivo da área de representação, com cenários que já não se reduzem a telões pintados que sobem e descem em questão de segundos, leva os autores a não abusar das mudanças de local, que, se minuciosas, demoradas, feitas com o pano fechado, retardam o andamento e enfraquecem o tônus do espetáculo. Reaparece então uma certa economia no uso do espaço e do tempo, não por imposição teórica e sim por simples conveniência cênica. A peça de três atos, com cenários que só são trocados durante os intervalos, é a medida dramática para a qual tendem as peças realistas de fim do século, sobretudo em sua feição comercial.

No Brasil, a ascensão do realismo coincidiu cronologicamente com os derradeiros dramas históricos dignos desse nome, antes da decadência definitiva do gênero. Só que estas peças constituíam resquícios românticos, produzidos em geral na província, ao passo que as comédias e dramas etiquetados de realistas apresentavam-se no Rio de Janeiro, na qualidade de vanguarda teatral, em oposição ao repertório desgastado de João Caetano. Portugal participou com destaque deste movimento de renovação, seja de textos, seja de modos de representar. Jovens artistas de procedência lisboeta, com alguma vocação literária e bastante apetite amoroso, ou iniciaram a sua carreira de palco no Brasil, a exemplo de Luís Cândido Furtado Coelho (1831-1900), ou tiveram aqui prosseguida a sua trajetória, caso de Eugênia Infante da Câmara (1837-1879), menos conhecida entre nós por seus versos do que por ter sido amante de Castro Alves. Amigos de escritores, cuja roda freqüentavam, auxiliaram a diminuir a distância até então existente entre palco e literatura, ao mesmo tempo em que ajudavam os atores nacionais a trocar estilisticamente o gibão romântico pela casaca moderna. Por alguns anos, entre 1855 e 1865, tivemos a grata impressão de que a arte dramática encontrara entre nós o seu caminho e que autores e intérpretes, o braço direito e o braço esquerdo do teatro, dar-se-iam finalmente as mãos. A ilusão durou pouco, mas deixou uma ponderável colheita dramatúrgica, em termos comparativos[1].

---

1. Cf. J. R. Faria, *O Teatro Realista no Brasil: 1855-1865*, São Paulo, Perspectiva, 1993.

Vários nomes de escritores dramáticos poderiam ser citados neste contexto histórico. Por exemplo, o de Francisco Pinheiro Guimarães (1832-1877), pelo êxito alcançado por seu drama *História de uma Moça Rica*, resposta nacional, quanto ao título, a *Le roman d'un jeune homme pauvre*, de Octave Feuillet; ou o de Quintino Bocaiúva (1836-1912), que, antes de se tornar o líder republicano que todos conhecem, interessou-se pelo teatro, escrevendo três peças realistas: *Onfália, Os Mineiros da Desgraça* e *A Família*. Mas um grande autor, em particular, encarnou o realismo teatral no Brasil: José de Alencar. Já o vimos compondo *O Jesuíta*, texto com todos as marcas do romantismo. Mas isto foi a pedido de João Caetano, que desejava comemorar em 1861 a Independência do Brasil. Ele, no entanto, já tivera encenados a essa altura diversos originais diretamente filiados às mudanças recentemente ocorridas nos palcos franceses. Publicara até, em 1857, uma espécie de plataforma de lançamento do realismo, propondo como modelo de modernidade a dramaturgia de Alexandre Dumas Filho, que acrescentava, a seus olhos, à descrição de costumes, uma nota incisiva de crítica moral. O teatro, encaminhando-se já para a peça de tese, devia não apenas retratar a realidade cotidiana, mas julgá-la, aprovar ou desaprovar o que estaria acontecendo na camada culta e consciente da sociedade. A burguesia, revendo-se no espelho retificador – ou embelezador – do palco, teria por missão realizar-se como modelo de comportamento individual e coletivo.

O desejo de Alencar, como podemos interpretá-lo, seria alcançar um meio-termo entre o drama enfaticamente dramático, descambando para o melodrama, e a comédia enfaticamente cômica, confinando com a farsa – por sinal, os dois gêneros, melodrama e farsa, que imperavam no Brasil. Cada peça sua

José de Alencar (litografia de Angelo & Robin, a partir de desenho de Augusto Off).

penderia para uma ou outra vertente, terminando bem ou mal, porém sem se afastar em demasia do ponto de equilíbrio, além do qual enredo e personagens perderiam a verossimilhança necessária ao público moderno que se intentava criar.

Somando-se os dramas e comédias realistas de Alencar – por exemplo, *O Crédito, As Asas de um Anjo, O que é o Casamento* –, peças escritas por volta de 1860, obter-se-ia um quadro completo e altamente idealizado da moral burguesa. A família deve assentar-se sobre bases sólidas, não apenas legais como também afetivas, marido e mulher agindo dentro dos mesmos preceitos, pais respeitando filhos e sendo respeitados por eles. A mulher teria a sua área de atuação própria, a casa, deixando ao homem as outras preocupações, sobretudo as econômicas. A paixão amorosa, elemento por natureza perturbador – e romântico, nesse sentido –, deve orientar-se para o casamento, instituição alicerçada sobre o amor, mas igualmente sobre a moralidade social. Nesse universo, purificado pela ficção, não se admite naturalmente nem o casamento por dinheiro, nem a prostituição, nem mesmo essa prostituição disfarçada na qual é o amante, não o marido, que paga o luxo da mulher. Quanto ao dinheiro, entidade desconhecida pela ficção romântica, tem ele assegurado o seu posto na nova sociedade, na condição de indispensável padrão de troca. Depende o seu valor da maneira como é entendido: se bem, define-se como crédito, fator de expansão econômica; se mal, torna-se usura, desequilibrando pessoas e comunidades. Dois dos temas prediletos de Alencar, e de todo teatro realista brasileiro, haviam sido lançados na França por Alexandre Dumas Filho: o da cortesã, a prostituta elegante, em *La dame aux camélias*, e o do dinheiro, em *La question d'argent.*

Mas o verdadeiro problema social do Brasil naquele momento era obviamente outro: o da escravidão. Alencar enfrentou-o duas vezes: numa comédia, *O Demônio Familiar* (1857), e num drama, *Mãe* (1860). A primeira explora a questão sob o ângulo jurídico, que nunca deixou de ser o do autor. O escravo é sempre um mal, para si e para os outros, inclusive para os seus proprietários. Sendo objeto, não possuindo responsabilidade legal, ele é inimputável, tanto moralmente como perante a lei. Se ainda por cima é um molecote, quase uma criança, como "o demônio familiar" da comédia, ocupando na família um lugar indefinido, entre o criado e o filho mais moço, pode tecer intrigas, desunir parentes e amigos, menos por maldade, que não tem, do que por ignorância, por não avaliar bem as conseqüências de seus atos. A liberdade seria assim a condição *sine qua non* da maturidade moral. O homem só é integralmente ele mesmo quando livre e responsável. Alencar, ao escrever a peça, não pensava tanto em advogar a causa dos escravos, como fizeram os genuínos abolicionistas. O que ele queria, com a abolição, era ressalvar o Brasil, que para ingressar no mundo civilizado necessitava livrar-se – com as devidas cautelas – dessa mácula, a escravidão, que poderíamos chamar, por nossa conta, de pecado original da sociedade brasileira.

Mãe retorna ao assunto, em nível dramático e de outro ponto de vista. Põe em foco, talvez com mais profundidade do que pretendia, as incertezas e ambigüidades que cercavam, num país dividido entre negros e brancos, escravos e pessoas livres, a figura indeterminada do mulato. Alencar imagina, para tanto, uma situação-limite, pouco provável, mas não impossível de acontecer. Suponha-se um rapaz bem apessoado, de nível econômico de médio para alto, que parece e se julga branco, ignorando que a mulata que o serve há muitos anos, funcionando como amiga e conselheira rústica, é na verdade sua mãe. Suponha-se mais, que ela se sacrifica constantemente por ele, não só escondendo o fato de sua maternidade mas também deixando-se vender como escrava para salvá-lo, a ele e à moça que o ama, da miséria e da vergonha. Vem agora o nó dramático da peça: o segredo dela é rompido por um amigo da família, que desempenha no enredo o papel da racionalidade e moralidade perfeitas (o antigo *raisonneur* de Molière, revivido pelo teatro realista como porta-voz do autor). Contudo, a reação dos circunstantes ante essa reviravolta não poderia ser mais edificante (para exprimir o sentido do drama). Todos, pelo menos todos que despertam a simpatia do público – o rapaz, a namorada, o futuro sogro, o amigo da família –, encaram a nova situação como inteiramente normal. Que mal há que um jovem, cheio de qualidades, seja filho natural, mulato, descendente de uma escrava? Não está o valor, de acordo com a ética burguesa, apenas no indivíduo, que paira fora e acima dos vãos e tolos preconceitos sociais? Temos aqui uma possível aproximação do problema, sugerida, porém não explicitada, pelo texto. Branco, no Brasil, é quem aparenta ser branco, não importando tanto que tenha nas veias algumas ou muitas gotas de sangue africano. Ele é julgado, não em termos de inferioridade biológica, fatalidade racial, e sim pela aceitabilidade social, pelo aspecto físico, pelos traços do rosto, considerados finos (brancos) ou grosseiros (negros), pelo cabelo, caracterizado como bom ou ruim. Posto que o rapaz colocado em cena passa sem dificuldade por esse teste de brancura, tudo estaria solucionado e a peça poderia terminar tranqüilamente em comédia. Sucede, entretanto, que a mãe, a protagonista, nega-se a participar desse desfecho feliz. Para poupar ao filho e à nora futuros aborrecimentos e vexames, que certamente viriam em obediência às leis não escritas do Brasil, ela se mata, ingerindo veneno. Com esse derradeiro sacrifício, essa mulher lúcida

e corajosa está dizendo alguma coisa que não pertence à visão cômica: o bom negro, no Brasil, é aquele que desaparece
de imediato, quando a sua presença incomoda a memória familiar. A passagem da negritude, da mãe, à branquidão, do filho,
pertence pois ao terreno dramático. Se *O Demônio Familiar*,
da comédia anterior, é somente liberto e expulso da família,
como resposta às intrigas infantis que tramou, para a *Mãe* deste
drama de adultos não existe outra saída a não ser o suicídio.
Alguém teria de ser imolado aos supostamente vãos e tolos
preconceitos sociais – e antes a mãe velha, parece dizer a peça,
do que o filho promissor, já integrado aos brancos. Alencar –
pode-se porventura concluir – gostaria que a escravidão, jun-
tamente com a sua herança negra, sumisse de repente da vida
brasileira, num passe de mágica que o teatro – não a realidade
histórica – mostrava-se capaz de fazer.

Ao realismo, se a história tivesse lógica, seguir-se-ia o naturalismo, como aconteceu na França, e no que diz respeito ao
romance também no Brasil, com Aluísio Azevedo sucedendo a
José de Alencar. Mas nos palcos do Rio de Janeiro, cidade que
concentrava praticamente todo o teatro nacional, essa seqüên-
cia foi interrompida por uma espécie de avalanche de música
ligeira, que arrasou o pouco que o romantismo e o realismo
haviam conseguido construir sob a designação de drama. A ir-
rupção da opereta francesa, acompanhada por suas seqüelas
cênicas, trouxe consigo a morte da literatura teatral considerada
séria. Não se deixou por isso de pensar sobre o Brasil – e sobre
o que mais poderíamos pensar? –, porém em termos de comédia
ou de farsa, em continuação a Martins Pena, não a Castro Alves
ou Alencar. Tal inflexão foi condenada por todos os interessa-
dos – autores, intérpretes, críticos –, menos pelo público, que
de qualquer forma nunca dera atenção aos nossos escritores.

Ninguém lamentou mais essa mudança de perspectiva, essa quebra de ambição literária, do que Machado de Assis. Ele começara a se preocupar com o teatro aos 20 anos, em 1859 – e continuará a ser o nosso ponto de referência crítica sobre as coisas do palco. Procedendo ao balanço da literatura nacional, no célebre ensaio intitulado "Instinto de Nacionalidade", relembrou na parte relativa à autoria teatral nomes como os de Gonçalves de Magalhães e Gonçalves Dias, reservando algumas palavras carinhosas a Martins Pena, "talento sincero e original, a quem só faltou viver mais, para aperfeiçoar-se e empreender obras de maior vulto". Quanto ao passado imediato, anotou:

> Mais recentemente, nesses últimos doze ou quatorze anos, houve tal ou qual movimento. Apareceram então os dramas e comédias do Sr. José de Alencar, que ocupou o primeiro lugar na nossa escola realista e cujas obras *O Demônio Familiar* e *Mãe* são de notável merecimento. Logo em seguida apareceram várias outras composições dignas do aplauso que tiveram, tais como os dramas dos Srs. Pinheiro Guimarães, Quintino Bocaiúva e alguns mais; mas nada foi adiante.

É contra esse pano de fundo, contra essa alguma coisa, que ele lança, em 1873, o nada absoluto do presente:

> Hoje, que o gosto público tocou o último grau de decadência e perversão, nenhuma esperança teria quem se sentisse com vocação para compor obras severas de arte. Quem lhas receberia, se o que domina é a cantiga burlesca, ou obscena, o cancan, a mágica aparatosa, tudo o que fala aos sentimentos e aos instintos inferiores?[2]

---

2. Machado de Assis, *Crítica Literária*, São Paulo, W. M. Jackson, 1951, pp. 150-151.

6
Os Três Gêneros do Teatro Musicado

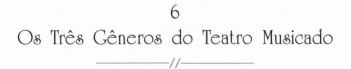

Enquanto José de Alencar tentava implantar o realismo teatral no Brasil, Jacques Offenbach, judeu de origem alemã, mas músico francês e personalidade parisiense, criava um novo gênero, que teria repercussão bem mais prolongada na cena brasileira. A opereta-bufa do século XIX, que toma como alvos satíricos preferenciais a solenidade da ópera e o prestígio da mitologia clássica, nasce oficialmente com a montagem, em 1858, de *Orphée aux Enfers*.

A lenda grega do músico que desce ao mundo dos mortos para reaver a sua consorte, perdendo-a, no entanto, já no caminho de saída, quando se volta para vê-la, está, como símbolo, na raiz da música ocidental. Fora usada, entre outros, por Gluck, na sua famosa ópera do século XVIII. Mas a versão moderna inovava bastante. Tanto Orfeu como Eurídice suspiram por outros amores que não o conjugal. Ela não suporta mais os infindáveis concertos de violino – alguns com duração superior a uma hora – do marido. Entre os deuses do Olimpo, para onde Eurídice é levada, após ter sido raptada por Plutão, não reina maior harmonia doméstica. Juno vive ralada de ciúmes pelas freqüentes escapadas noturnas do seu celeste esposo, Júpiter, ao passo que os mais jovens, Cupido e Vênus, só entram em casa a altas horas da noite. Todos, neste e no outro mundo, só mantêm as aparências por causa da opinião pública, que, fazendo as vezes de coro grego, reivindica o papel moralizante da peça:

Je suis l'opinion publique,
un personnage symbolique.
Ce qu'on appelle un raisonneur.

Eurídice dá-se bem nos Infernos, que, de resto, nada possui em comum com o lugar sinistro pintado pelo cristianismo. Ao contemplar Baco em pessoa, em cujos pés se assentam um fauno com cascos de cabrito e uma ninfa dócil, ela entoa com entusiasmo a sua prece pagã:

Evohé! Bacchus m'inspire
Je sens en moi
Son saint délire,
Evohé! Bacchus est roi!

Ao cair do pano, Júpiter avoca Eurídice para si, na qualidade de bacante, sobrepondo-se pela força a Plutão e fazendo Orfeu olhar inadvertidamente para trás ao lançar em cena um de seus poderosos raios. Esses dois golpes sujos não constavam da história grega, mas o Senhor do Olimpo dispõe-se a corrigir os erros do passado:

Eh bien! on la refera, la mythologie!

Orfeu nos Infernos escandalizou alguns críticos e escritores franceses. Houve quem a acusasse de profanar os deuses romanos, como houve quem enxergasse em Offenbach, sobretudo depois de *La belle Helène*, escrita e musicada na mesma veia cômica e desrespeitosa, o ódio de um semita em relação aos alvos templos erguidos pelos gregos. Entre os seus admiradores, no entanto, figuraram Baudelaire e Nietzsche, Saint-Saëns e Rossini. De qualquer forma, a invocação de Eurídice – *Evohé! Bacchus est roi!* – ficou entre as rememorações do mais famoso escritor brasileiro do século. Machado de Assis, em suas crônicas ruminativas da maturidade, relembrou-a, mais de uma vez, sempre associando-a ao Carnaval, ao Rei Momo, que já começava a firmar a sua realeza no Brasil. Passados trinta e tantos anos da estréia nacional da peça, ele escreveu, em 1896:

[...] a hora é de Momo. *Evohé! Bacchus est roi!* Sinto não lhes poder transcrever aqui a música deste velho estribilho de uma opereta que lá vai. Era um coro cantado e dançado no Alcazar Lírico [...]. As damas decentemente vestidas de calças de seda tão justinhas que pareciam ser as próprias pernas em carne e osso, mandavam os pés aos narizes dos parceiros. Os parceiros, com igual brio e ginástica, faziam a mesma coisa aos narizes das damas, a orquestra engrossava, o povo aplaudia, a princípio louco, depois louco furioso, até que tudo acabava no delírio universal dos pés, das mãos e dos trombones.

Tratava-se do célebre e ainda hoje vivo *cancan* do Orfeu, a dança popular que Offenbach elevou à dignidade do palco, adicionando este ritmo desenfreado aos da polca e da valsa, já universalmente aceitos. Um ano mais tarde, outra reminiscência sobe à memória do cronista, então próximo dos sessenta anos: "conheci também a Aimée, uma francesa, que em nossa língua se traduzia por amada, tanto nos dicionários como nos corações"[1]. Machado de Assis referira-se a ela, com muito maior entusiasmo, em 1864, quando a opereta subiu à cena. Valeu-se, contudo, para o seu elogio, das palavras de um terceiro ("escreve-me agora um amigo"), um companheiro de letras, talvez real, talvez fictício, inventado neste caso para disfarçar o tom pessoal e como que enamorado. Mas eis o retrato da atriz:

[...] um demoninho louro – uma figura leve, esbelta, graciosa, uma cabeça meio feminina, meio angélica, uns olhos vivos – um nariz como o de Safo – uma boca amorosamente fresca, que parece ter sido formada por duas canções de Ovídio – enfim, a graça parisiense, *toute pure* [...][2].

Mlle Aimée não foi a única *divette* de prestígio no elenco do Alcazar Lírico, teatrinho estabelecido no Rio de Janeiro em 1859, com o objetivo de acolher, na língua materna, as cançonetas que estavam na moda em Paris. Mas foi, entre todas, como disse o velho Machado, a que reinou por mais tempo nos corações nacionais, dentro e fora de cena, desde que os espetáculos variados dos primeiros tempos da companhia foram substituídos por operetas completas. Dizem as más línguas da época que por ocasião da sua partida, em 1868, após quatro anos de Brasil, as esposas e mães de família soltaram rojões, comemorando a volta ao lar dos maridos e filhos. A França, do outro lado do Atlântico, não a recebeu com menos carinho. Ela criou alguns papéis

---

1. Machado de Assis, *Obras*, São Paulo, Jackson, 1950, vol. 26, pp. 115-116, 430.
2. *Idem*, 1951, vol. 21, p. 39.

em novas operetas de Offenbach e foi com ele e sua companhia em excursão artística e financeira através dos Estados Unidos, de onde regressou ainda mais rica do que daqui partira. Era a figura da "francesa", em sentido especial, que por bons e maus motivos iria incorporar-se por algumas dezenas de anos ao idioma, se não o escrito, pelo menos aquele falado no Brasil. Em compensação, nesses mesmos anos, em 1866, surge nos palcos parisienses a imagem inconfundível do *Brésilien*, dedos carregados de jóias, acompanhado por dois negrinhos portadores de malas e valises. Ele participa com destaque nos episódios burlescos de *La vie parisienne*, opereta-bufa em quatro atos, música de Offenbach, texto de Meilhac e Halévy, a dupla ilustre que forneceria a Georges Bizet o libreto da *Carmen*. Logo na entrada em cena, como era hábito na opereta, ele declara diretamente ao público quem é e a que veio.

Quanto à identidade:

Je suis brésilien, j'ai de l'or
Et j'arrive de Rio-Janeire.

Quanto ao que deseja:

Ce que je veux de toi, Paris,
Ce que je veux, ce sont tes femmes,
Ni bourgeoises, ni grandes dames,
Mais les autres... l'on m'a compris!

A sombra da prostituição elegante, aqui posta em cena, perpassava vez ou outra por sobre os camarins da opereta. A *cocotte* européia correspondia ao *rastaquère* sul-americano (alguém escreveria mais tarde que o verdadeiro brasileiro de Offenbach, pela fortuna, era o argentino).

FINALE.

ENSEMBLE.

A Paris, nous arrivons en masse,
A Paris nous nous précipitons !
A Paris, il faut nous faire place,
A Paris nous nous ruinerons.

Entre le Brésilien, suivi de deux petits nègres portant des sacs et des valises

LE BRÉSILIEN.

Je suis Brésilien, j'ai de l'or,
Et j'arrive de Rio-Janeire ;
Plus riche aujourd'hui que naguère,
Paris, je te reviens encor !

O Brasileiro, de Offenbach, visto numa edição francesa da época.

O sucesso do Alcazar deve ser creditado em boa parte ao esnobismo. Nada mais excitante do que ouvir em francês as últimas novidades de Paris. Mas, de algum modo, o uso de uma língua estrangeira, o recurso constante à paródia, subentendendo o conhecimento um tanto minucioso da ópera e da antigüidade greco-romana, reduzia o alcance desses espetáculos junto ao grande público. Tornava-se necessário, para popularizar, que alguém traduzisse em termos nacionais tal repertório, tão apreciado pelos escritores e pelas classes abastadas, familiarizados, pela leitura ou pelas viagens, com *La vie parisienne*. Quem realizou a façanha foi o mais festejado ator cômico do final do século. Francisco Correia Vasques (1829-1892)[3], simplesmente o Vasques, quando não o Chico, de todos conhecido de vista no Rio de Janeiro e de fama no resto do Brasil, já começara a desafiar com as suas tiradas humorísticas o Alcazar, antes mesmo de as operetas chegarem: "D. Rosa assistindo no Alcazar *Un spéctacle extraordinaire avec Mlle Risette*", "cena burlesca", contracenava no espírito do público de teatro com *O Senhor Anselmo Apaixonado pelo Alcazar*, ambos de 1863. Mas o verdadeiro achado ocorreu cinco anos depois, com a encenação de *Orfeu na Roça*, que deu 500 representações consecutivas. Nas mãos do Vasques, pobres de literatura, mas ricas de experiência de palco, Orfeu aparece sob as vestes de Zeferino Rabeca; Morfeu, o deus do sono, transforma-se num nacionalíssimo Joaquim Preguiça; e Cupido passa a responder pelo irresistível nome de Quim-Quim das Moças. O êxito da fórmula, casando França e Brasil, Offenbach e Martins Pena, foi fulminante. Tivemos de imediato, trabalhados por outras

---

3. Cf. Procópio Ferreira, *O Ator Vasques*, São Paulo, Oficinas José Magalhães, 1939.

IMPERADOR e REPUBLICA ?

O Vasques.
(Francisco Corrêa Vasques.
Popular actor e auctor dramatico.)

mãos, *Barba-de-milho*, versão de *Barbe-bleue*, e *A Baronesa de Caiapó*, diminuição nobiliárquica de *La grande-duchesse de Gérolstein* (ducado aliás fictício, inventado por Eugène Sue nas páginas do seu folhetinesco *Os Mistérios de Paris*).

Na passagem de uma língua para outra, é verdade, perdia-se muito do sal gaulês, sempre mais leve que a pimenta nacional. Mas, no fim de contas, pensando bem, com o recuo do tempo, que mal havia em semelhantes transposições? Não era a opereta uma obra de palco, completada em cena pelos intérpretes, por suas *cascades* (*lazzi* em italiano, *gags* em inglês), "cacos" que os atores iam enxertando no texto escrito, dando forma definitiva ao espetáculo? Por outro lado, já não significava a paródia, por si própria, uma criação de segundo grau, o rejuvenescimento, pelo riso, de velhos temas? Júpiter, a quem Juno na intimidade chama de Ernest (ela é Bibiche), em *Orphée aux Enfers*, observa gravemente, para si mesmo, que *L'Olympe s'en va!* (como o Segundo Império francês também se iria num dia não distante). E Agamenon, em *La belle Helène*, irrompe em cena cantando um *couplet*, com os cortes entre as sílabas gaiatamente introduzidos pela música, dizendo ser: "le roi barbu qui s'avance, bu qui s'avance, bu qui s'avance..."

Tantas molecagens eruditas não eram de molde a inibir os tradutores brasileiros. Julgavam-se os resultados obtidos em cena, geralmente avaliados em termos de bilheteria. Se o público aceitava a adaptação, dentro daquele universo de faz-de-conta da opereta, tudo bem. É o ponto de vista expresso por Artur Azevedo, o homem que no momento encarnava o teatro nacional, em sua dupla condição de autor e crítico. Defendendo-se da pecha de ter sido o introdutor no país dessas acomodações um tanto espúrias, escreveu ele: "Eu, por mim, francamente o confesso, prefiro uma paródia bem feita e engraçada a todos os dramalhões pantafaçudos e mal escritos, em que se castiga o vício e premia a virtude"[4].

A controvérsia girava em torno de *A Filha de Maria Angu*, versão livre feita por Artur Azevedo, em 1874, sobre um original francês cujo título se assemelhava ao brasileiro apenas pela assonância: *La fille de Mme Angot*. Nesta década, seguinte à queda de Napoleão III em 1870, a opereta adquirira hábitos e feições um pouco diferentes. Diminuíra o seu teor satírico, paródico, contentando-se em desenhar uma história alegre e fantasiosa, colocada bem além do limite da verossimilhança, com toda a liberdade de movimentos proporcionada pela música, pelo fato dos atores passarem sem hesitação da fala ao canto, substituindo de vez a realidade pela teatralidade.

Despontavam novos músicos franceses (na opereta, como na ópera, a partitura vale mais do que o texto), concorrentes de Offenbach: Charles Lecocq (*La fille de Mme Angot*, de 1872), Robert Planquette (*Les cloches de Corneville*, de 1877), Edmond Audran (*La mascotte*, de 1880), entremeados com os primeiros vienenses, Franz Von Suppé (*Boccaccio*, de 1879), Johann Strauss (*Der Zigeunerbaron*, de 1885). Todas as peças citadas – e por isso foram elas escolhidas – fizeram intensa e extensa carreira nos palcos brasileiros, em geral em simples traduções, porque os seus enredos dispensavam referências a fatos e personalidades exteriores ao espetáculo, fugindo à paródia e à sátira. O que não significava que as traduções fossem ao pé da letra, nem que os atores deixassem de contribuir com a sua parcela de inventividade na criação teatral. Ao contrário, à medida que os intérpretes se sucediam no mesmo papel, crescia a herança de achados cômicos transmitida por via oral de espetáculo a espetáculo. *A Filha de Maria Angu*, no entanto, constituía um caso à parte. A ação na peça francesa passava-se durante o Diretório, nesse desfecho cômico das altas aspirações da Revolução Francesa. O autor chamava ao palco algumas figuras históricas, a atriz Mlle Lange, o cançonetista político Ange Pitou (romanceado por Alexandre Dumas), além de evocar a memória de Mme. Angot, personagem mítica, gerada por um sem número de peças e canções populares, uma vendedora de peixe no mercado, bonita e despachada. Artur Azevedo deve ter pensado que esse pano de fundo francês dificilmente chegaria ao público brasileiro. Partiu então para uma completa nacionalização, a começar pelo título. Maria Angu, obviamente, só poderia ser brasileira. Talvez um exemplo baste para sugerir a brutal e no todo bem sucedida operação de transplante entre duas culturas efetuada pelo adaptador.

Mme Angot – é a filha quem narra – não apenas subira aos ares num balão, novidade do século XVIII, como transpusera depois mares e desertos.

Eis a copla correspondente:

En ballon elle monte,
La voilà dans les airs
Et plus tard elle affronte
Les mers et les déserts.

E eis a versão que lhe dá Artur Azevedo:

Andou por Sorocaba,
Por Guaratinguetá,
Por Pindamonhangaba,
Por Jacarepaguá.

Não há confusão possível entre os dois universos projetados em cena, um tendente ao grandioso, ao universal (Mme Angot, em suas andanças, teria estado na Índia e na Turquia, onde foi uma entre as quinhentas favoritas do Sultão); o outro, surpreendentemente local e regionalista (todas as cidades mencionadas ficam perto do Rio ou de São Paulo). Mas dois traços permanecem: o ritmo, essencial na opereta, e qualquer coisa de engraçado nessa relação de palavras, todas, talvez não por acaso, polissilábicas e de origem indígena, como que alheias ao português. Pode-se argüir o tradutor quanto à fidelidade, não quanto à veia cômica e à imaginação poética. Artur Azevedo, aliás, era um excelente versejador, por conta própria e alheia.

Mercê de traduções, próximas ou distantes do original, estava a opereta em condições de se aclimatar – com os modismos locais, evidentemente – no Brasil. Restava o problema de achar os intérpretes adequados, não cantores que soubessem representar, porém, de preferência, atores que soubessem cantar, porque a expressão fisionômica, a graça e a simpatia pessoal, a malícia do olhar, da boca e das mãos, a beleza, tratando-se de mulheres, toda esta parte corporal representava um dos pilares do espetáculo.

O teatro português – e por conseqüência o brasileiro – tinha alguma experiência do canto e da dança, adquirida no entremez. A opereta, no entanto, desdobrava-se em nível musical sensivelmente superior, colocado entre a criação popular, brotada do bom ouvido, do simples dom da invenção melódica, e a chamada música erudita, que não prescinde de um demorado aprendizado prático e teórico. Era música para gargantas inteiras, não para as vozes de "meia garganta" que Eça de Queirós, com certa maldade, viu nos cantores de Portugal. A solução encontrada no Brasil foi a de compromisso: cantoras vindas de fora, principalmente francesas, mas também espanholas e italianas, para os principais papéis femininos, que aliavam sedução e musicalidade; atores nativos para formar o naipe masculino, em que predominava a caracterização cômica. A fórmula era simples: emprestavam-se à Europa vozes devidamente educadas, porque lá havia um mercado musical que ia da canção à ópera, passando pela opereta e ópera cômica, enquanto o Brasil entrava com a sua comicidade, nem sempre fina como a parisiense, porém nossa.

Se fôssemos delinear o quadro completo desta colaboração estrangeira, sem a qual mal existiria opereta no Brasil, somaríamos cerca de vinte nomes[5]. Citaremos apenas os de duas atrizes, as primeiras a se integrarem nos elencos nacionais e a representarem em português, ambas francesas. Rose Méryss, aportada no Rio em 1870, tocada para cá pela guerra franco-prussiana, interpretou modinhas que falavam em "yayá", dançou maxixe e foi, em travesti, a protagonista de um célebre "Boccaccio". Segundo um cronista da época, devia trazer na roupa, escondidas "na barra do vestido, no cantinho do avental", três palavras reveladoras: "Lecocq, Offenbach, Suppé"[6]. Rose Villiot (1850-1908), nacionalizou-se se possível ainda mais, nunca regressando à França. Chegada em 1872, ainda no tempo do Alcazar, viveu e morreu como boa brasileira, exceto no sotaque, que os franceses nunca perdem. Criou, entre tantos outros, o papel-título de *A Filha de Maria Angu*, contracenando com uma compatriota, Mlle Delmary, que fazia o papel da atriz

---

5. Cf. Eduardo Vitorino, *Atores e Atrizes*, Rio de Janeiro, A Noite, 1937, p. 155.
6. Gryphus (José Alves de Visconti Coaracy), *Galeria Teatral*, Rio de Janeiro, Moreira, Maximino e Cia., 1884, p. 181.

e cantora Mlle Lange, traduzido idiomaticamente por Artur Azevedo como Chica Valsa.

A contaminação entre as duas línguas foi tanta que levou Machado de Assis a comentar, em 1896, que a arte corrente nos palcos do Rio – e no resto do país, na medida em que neles existia a opereta – era "franco-brasileira": "A língua de que se usa dizem-me que não se pode atribuir exclusivamente a Voltaire, nem inteiramente a Alencar; é uma língua feita com partes de ambas, formando um terceiro organismo [...]"[7]. Exagero cômico haverá, mas não muito.

Abaixo da opereta, na hierarquia ideal dos gêneros de teatro musicado, situava-se a revista. Também procedendo da França, onde mergulhava raízes no século XVIII, cresceu no Brasil nos dois últimos decênios do século XIX, quando foi praticada por autores teatrais de primeira linha, constituindo-se na forma mais rica e mais rentável de teatro comercial. Sousa Bastos, mestre da revista portuguesa, que freqüentemente atravessava o Atlântico, assim a definiu em 1908:

> É a classificação que se dá a certo gênero de peça, em que o autor critica os costumes de um país ou de uma localidade, ou então faz passar à vista do espectador todos os principais acontecimentos do ano findo: revoluções [sic], grandes inventos, modas, acontecimentos artísticos ou literários, espetáculos, crimes, desgraças, divertimentos, etc. Nas peças deste gênero todas as coisas, ainda as mais abstratas, são personificadas de maneira a facilitar apresentá-las em cena. As revistas, que em pouco podem satisfazer pelo lado literário, dependem principalmente, para terem agrado, da ligeireza, da alegria, do muito movimento, do espírito, com que forem escritas, de couplets engraçados e boa encenação [...] Houve época em que, nas revistas, o escândalo predominava e eram festejadíssimas as caricaturas de personagens impor-

7. Machado de Assis, op. cit., 1950, vol. 26, p. 366.

tantes da política. [...] Pois, sinceramente, era isso preferível à pornografia de que quase todas as *revistas* hoje estão recheadas[8].

Não tendo enredo, ou não o necessitando, a revista adquiria a sua escassa unidade através da figura do *compère* (palavra francesa usada no jargão teatral da língua portuguesa). Essa personagem, em parte fictícia, como as outras, mas relacionada de perto às características pessoais do ator incumbido de interpretá-la, unia os diferentes quadros que compunham o espetáculo, ora cômicos, ora de canto e dança, quando não das três coisas juntas. Ele, o *compère*, era de certo modo o mestre de cerimônia, não deixando, pela sua forte ação de presença, pela empatia com o público, que a continuidade da representação se desfizesse totalmente em números isolados. O resto do elenco, os cômicos, em número de três ou quatro, e as cantoras, ainda freqüentemente francesas, a começar por Rosa Villiot (ela nacionalizara o prenome), intervinham em criações individuais, nesta ou naquela cena. O coro, obrigatório nas boas revistas, acompanhava de princípio a fim a ação, cantando e dançando.

A música também se fragmentava, não ambicionando ter a unidade e originalidade da opereta. Um maestro de atuação local, Gomes Cardim (português radicado no Brasil) ou Assis Pacheco, Nicolino Milano ou Paulino Sacramento, entre outros, dirigia a pequena orquestra e se responsabilizava pelo arranjo musical, que, além de contar com a inspiração própria, podia recorrer livremente ao estoque de música ligeira armazenado durante anos na Europa. Ouvia-se, numa revista, desde canções sertanejas tiradas do repertório popular até páginas conhecidíssimas de Suppé e Offenbach.

8. Sousa Bastos, *Dicionário do Teatro Português*, Lisboa, Libânio da Silva, 1908, p. 128.

A revista tendia ao grande espetáculo, retribuindo o que recebia na bilheteria sob a forma de um certo esplendor visual: cenários variados, mutações à vista, belos figurinos (muitos desenhados por Aluísio Azevedo nas revistas do seu irmão Artur). Este aparato cênico culminava nas apoteoses de fim de ato, sobretudo no final da peça. O espetáculo, para se despedir do público, fazendo-o sair do teatro com uma carga renovada de energia, mudava subitamente de tom, passava do cômico ao sério, do galhofeiro ao solene, do satírico ao comemorativo e patriótico (sentimentos de encomenda, em obediência às regras do gênero). Artur Azevedo deu o seguinte desfecho a *O Tribofe*, revista encenada em 1892:

Gouveia: E o *couplet* final?

Quinota: As revistas do ano nunca terminam com um *couplet*, mas com uma apoteose. (*Vindo ao proscênio*) Minhas senhoras e meus senhores, o autor quis manifestar o seu respeito por dois brasileiros ilustres falecidos em 1891... (*Apontando para o fundo*) Benjamin Constant e Dom Pedro de Alcântara! (*Mutação*). (*Apoteose*)[9].

A palavra final ficava assim a cargo dos cenógrafos e do maquinista-chefe, cujo nome, por sua importância no bom andamento da representação, figurava às vezes no programa. A eles cabia movimentar com fantasia e competência técnica a complexa maquinária que caracterizava o palco no século XIX, permitindo-lhe simular viagens e naufrágios, antes que o cinema viesse a suplantar o teatro quanto à riqueza e veracidade dos detalhes materiais.

---

9. Artur Azevedo, *O Tribofe*, Rio de Janeiro, Nova Fronteira–Casa de Rui Barbosa, 1986, p. 179.

Por este lado, a revista confinava com a mágica (derivada da *féerie* francesa), o terceiro e o mais baixo degrau do teatro musicado. Sousa Bastos desta maneira a identificou:

> É uma peça de grande espetáculo cuja ação é sempre fantástica ou sobrenatural e onde predomina o maravilhoso. [...] Infelizmente o gênero, patrocinado pelos deslumbramentos das visualidades e riqueza dos acessórios, cai em mãos inábeis quase sempre; e por isso é vulgar tais peças aparecerem muitas vezes cheias de inépcias, grosserias e infantilidades tolas[10].

Não se compreende bem o final do século do teatro brasileiro, o interesse popular pela revista e pela mágica, sem se levar em conta a colaboração de dois cenógrafos italianos que se fixaram no Brasil, Gaetano Carrancini e Oreste Coliva. Sobre o primeiro escreveu Artur Azevedo:

> É um extraordinário artista o Carrancini! Quando ele aqui apareceu, em 1885, com o *Gênio do Fogo*, eu supus que a sua opulenta fantasia ficasse completamente esgotada depois de imaginados e concluídos os cenários daquela mágica. Entretanto, durante nove anos ele tem pintado sem interrupção para o nosso teatro, e, que eu saiba, nunca se repetiu! O seu forte são justamente os cenários da mágica – os palácios encantados, deslumbrantes de ouro, estofos e pedraria, de uma arquitetura revolucionária, só dele – as praças exóticas de cidades imaginárias, – as cavernas tenebrosas, – os bosques misteriosos, – as grutas infernais etc. As suas apoteoses nunca deixam de apresentar alguma novidade, e ele as tem pintado às centenas. Aí o cenário é sempre maquinado e o cenógrafo reclama a colaboração subalterna do carpinteiro; há flores que se transformam em estrelas, colunas que giram, águas que jorram, grupos maravilhosamente combinados, harmonia de cores, efeitos de projeções luminosas, etc.[11]

---

10. Sousa Bastos, *op. cit.,* p. 89.
11. Artur Azevedo, *op. cit.,* pp. 267-268.

Artur Azevedo, o maior entre os revistógrafos do período, aceitava a popularização do teatro efetuada pela revista, mas guardando certa distância, não se igualando jamais ao popularesco. Quando podia, enxertava em seus espetáculos um tema literário, julgado mais elevado, chamava à cena a Fantasia, empreendia uma Viagem ao Parnaso, nem sempre com bons resultados, porque se abria uma espécie de hiato entre forma e conteúdo, uma contradizendo o outro. Na boca das personagens ele empregava o vocabulário e a sintaxe vigentes nas casas e nas ruas, cheias de brasileirismos, regionalismos, mas sempre como citação, de maneira a não comprometer jamais a sua posição de escritor erudito e gramaticalmente correto. Quer dizer que ele não traía o pacto estabelecido tacitamente pelos intelectuais de então, distinguindo com nitidez entre a realidade deles, de um lado, e, de outro, o Brasil real e grosseiro. Reproduzia-se no romance ou na comédia o que se ouvia, mas sem confundir planos, sem buscar matéria e inspiração no popular, como a literatura fará a partir do Modernismo.

Serviram a Artur Azevedo, no entanto, para chegar ao grosso público, algumas qualidades requeridas pela revista: a ausência de pose, de pedantismo; o gosto pelas idéias e expressões simples; o dom da caricatura, da graça fácil e espontânea; a habilidade no jogo de palavras, no uso do trocadilho; o interesse jornalístico pelos modismos, pelo que estava acontecendo no Brasil e mais ainda na cidade do Rio de Janeiro[12];

---

12. Cf. F. Sussekind, *As Revistas de Ano e a Invenção do Rio de Janeiro*, Rio de Janeiro, Nova Fronteira–Casa de Rui Barbosa, 1986. Nas páginas 173-276 acha-se uma cuidadosa cronologia das 19 revistas escritas por Artur Azevedo, entre 1877 e 1907, feita pela autora, com a colaboração de Rachel T. Valença.

e, como última virtude, suprema numa época que cultivava e prezava o verso bem feito, a pasmosa facilidade em metrificar, sem esforço aparente, tudo que lhe passava pela cabeça, inclusive nomes próprios excêntricos e vocábulos estrangeiros. Para tudo ele descobria uma rima inesperada e cabível – portanto, no contexto, engraçada.

No palco, quem dava vida e consistência aos tipos esquemáticos da revista, bem como aos da opereta e da mágica, eram os atores cômicos, especialistas da comunicação imediata com a platéia. Cantavam com a pouca voz que tinham, sem aperfeiçoamento musical, mas sabiam extrair do texto a salacidade, o duplo sentido sexual que os autores haviam disseminado no texto, para que explodissem na hora certa em cena, graças aos olhares maliciosos, aos gestos e inflexões equívocos dos intérpretes. Nada era dito com todas as letras, tudo ficava subentendido.

O Vasques, já citado, revelou-se o primeiro entre eles, em ordem cronológica e ao que parece também em ordem de mérito. A. César de Lacerda, ator e autor teatral português, com boa passagem pelo Brasil, publicou sobre ele, em 1882, na imprensa lisboeta, uma rememoração carinhosa e entusiasta:

O que tinha aquele homem para despertar assim as gargalhadas de milhares de pessoas?

Tinha uma simpatia profundamente arraigada na alma de todo aquele público; tinha a proverbial graça, naturalíssima, espontânea [...] Vi-o em dezenas de peças, inclusive três ou quatro minhas, e que comigo representou; vi-o em muitas cenas cômicas, em várias poesias; nunca me pareceu o mesmo indivíduo. Afigura-se-me que até a voz lhe difere nos vários personagens exibidos em tantas e tão brilhantes criações[13].

13. "O Ator Vasques", *O Contemporaneo*, 8º ano, número 114.

O CONTEMPORANEO

Propriedade de João d'Almeida Pinto & C.ª

Redactor: Salvador Marques.— **Collaboradores:** A. Ennes, A. Antunes, A. O. May,
A. Ribeiro, A. de Menezes, Baptista Machado, C. Pinto, F. d'Almeida F. Palha, F. da Fonseca, G. Lobato, G. da Silva,
J. Pessoa, João de Deus, J. d'Araujo, J. C. Machado, J. Seguier, J. Victor, Mariano Pina, M. P. Chagas,
M. Lima, P. Vidoeira, Rangel de Lima, T. Bastos, T. Braga, T. Ribeiro, U. de Castro.

Collaboração artistica da ‹Photographia Contemporanea› Rua do Arco da Graça, 30 (proximo ao Rocio)

Numero 114   8.º anno

O ACTOR VASQUES

A 18 de julho de 1863 cheguei ao Rio de Janeiro ; dias depois associei-me á excellente companhia do theatro do Gymnasio a fim de montar a minha peça *Homens do Mar* e outras quaesquer, se tivesse a felicidade de agradar ao publico fluminense na minha posição de auctor e actor. Como porém para levar á scena aquelle drama era necessario muito tempo, resolvi debutar antes e escolhi o meu drama *Cynismo, Scepticismo e Crença*, já por lá conhecido como mais algumas das minhas modestas composições dramaticas.

Tendo sabido á minha sahida de Lisboa do estado de miseria a que haviam chegado os operarios tecelões das fabricas do Porto, depois da crise algodoeira da America do Norte, que lhes paralysou completamente o trabalho, fechando-se as officinas por falta de materia prima, etc, lembrei-me de applicar o producto da minha estreia para beneficio d'esses desgraçados, que talvez já me tivessem feito o favor dos seus applausos em tempos mais felizes, para elles e... para mim.

Certo de que, não pelos meus merecimentos artisticos, mas sim pela curiosidade inherente a todo o publico que já ouviu fallar de *um fulano qualquer* e que mesmo já me conhecia como auctor, seriam producto d'essa estreia uma quantia avultada, graças tambem ao patriotismo mil vezes comprovado da colonia portugueza no Brazil, firmei-me na idéa, communiquei-a aos meus excellentes collegas, e todos com o maior enthusiasmo se prestaram a coadjuvar-me, estudando a peça, ajudando-me no expediente das cartas de convite,

Francisco Corrêa Vasques

etc. O resultado foi superior á minha esperança ; remett para Lisboa, afim de ser enviada para os operarios do Porto, a quantia de 1:671$500 réis, moeda forte. Conservo ainda no meu album a *terceira via* da letra como uma das recordações mais honrosas e agradaveis da minha vida de artista.

Nem a modestia m'o permitte, nem as saudades d'esses felizes tempos me deixariam dizer aqui o que foi essa estréa. Faz-me mal, depois de tantos annos e vicissitudes, recordar-me dos favores recebidos n'essa noite indiscriptivel ; e se estas desambiciosas phrases me sahiram da penna é que ao meu debute no Brazil anda ligada uma das mais notaveis figuras do theatro d'aquelle paiz ; um artista distinctissimo, correcto, engraçado, digno e, sobre tudo — tão «homem de bem» que honra não só á arte brazileira, mas tambem as artes scenicas em todo o *mundo theatral*. Este artista é Francisco Corrêa Vasques.

No *Diario do Rio de Janeiro* de 24 de agosto de 1863, publicou-se um extenso artigo sobre a minha estreia no theatro *Lyrico Fluminense* ; depois de muitas eimmeredidas amabilidades, lia-se um periodo que deveras me alegrou pela justiça feita aos collegas que tanto me obsequiaram e tão energicamente concorreram para poder levar a cabo a minha idéa. Dizia assim o periodo a que me refiro.

....

«Os artistas do Gymnasio «que acompanharam Cesar «de Lacerda na noite da sua «estreia, em nada perderam «do vantajoso conceito em «que são tidos. Leolinda, Pe-«dro Joaquim e Amoedo deram «n'essa noite mais uma prova «de que não se lhes faz favor «quando são applaudidos e cha-«mados ao proscenio.

Entre os que se seguiram ao Vasques, dois, dos mais celebrados, vieram meninos de terras portuguesas, fazendo-se atores nas companhias secundárias – os mambembes – que percorriam o interior do Brasil, e lançando assim a suspeita de que a atração pelo palco seria antes lusa do que nacional, solo este em que ainda não se infiltrara a paixão dramática. Brandão (José Augusto Soares Brandão, 1845-1921), por si mesmo cognominado O Popularíssimo, foi desta forma descrito:

> Faz umas coisas extraordinárias, mas que ao seu feitio não ficam mal. Enterra o chapéu até as orelhas, deixa cair a calça, deita para fora a fralda da camisa, chega a ver-se-lhe a carne, esbugalha os olhos, escancara a boca, ajoelha, dá pernadas, grita, gesticula exageradamente; mas tudo que era insuportável noutro, nele faz-nos rir a valer. De mais a mais improvisa, e por vezes com felicidade[14].

João Machado Pinheiro e Costa (1850-1920), conhecido como Machado Careca, sofreu por parte do mesmo Sousa Bastos, autor e empresário tão ativo no Brasil quanto em seu nativo Portugal, algumas restrições, dirigidas menos ao ator que à falta de compostura que começava a marcar a comicidade brasileira:

> O que é forçoso confessar é que, passada certa época, Machado deixou-se arrastar por uma onda de loucura que invadiu os teatros do Rio de Janeiro. Em quase todas as casas de espetáculo o gênero predileto era a revista levada ao extremos da libertinagem e a *pochade* desbragada. Os artistas transformaram-se na sua maioria em *clowns* e bailarinos. Machado, sem de todo perder o mérito que lhe reconhecem, perdeu muito do seu valor por transigir demais com as platéias ávidas de cambalhotas e ditos mais do que equívocos[15].

---

14. Sousa Bastos, *Carteira do Artista*, Lisboa, Bertrand, 1898, p. 230.
15. *Idem*, p. 290.

Brandão, o Popularíssimo (na foto com Júlia Lopes).

Machado Careca, provavelmente numa mágica.

Entre os nascidos no Brasil não se poderia esquecer pelo menos dois cômicos: Xisto Bahia (1841-1894), compositor e cantor de lundus, "extraordinário nuns papéis em que imitava roceiros, capadócios e outros tipos populares do Brasil"; e João Colás (1856-1920), filho de um maestro de música ligeira, "festejadíssimo na canção *Matuto do Piauí*, que realmente ele faz a primor[16].

No naipe feminino local, reconhecidamente mais fraco, o destaque iria para Cinira Polônio (1857-1938), que estudara música na Europa e cantava com malícia e finura cançonetas francesas, além de protagonizar operetas; e Aurélia Delorme (1866-1921), atriz medíocre mas que merece menção por ter sido a inventora, ou uma das precursoras, do chamado teatro rebolado. Sousa Bastos, que a viu no começo da carreira, assinalou em que consistia o seu específico talento:

> Dava umas tais voltas, fazia uns tais requebros luxuriantes, que a platéia levantava-se entusiasmada e cobria-a de flores! Era o delírio da libertinagem no teatro! [...] Nunca mais teve tamanhas ovações porque nunca mais teve papel em que pudesse ir tão despida e em que tanto pudesse rebolar o que a Natureza lhe pôs do outro lado[17].

Mas a rainha da revista foi, indiscutivelmente, Pepa Ruiz (1859-1923), nascida na Espanha, feita atriz em Portugal, mas também brasileira, por ter-se deixado ficar por aqui. Num só espetáculo ela criou 18 personagens diferentes, inclusive um número, *O Mungunzá*, em que aparecia vestida de baiana. Aos poucos, de baixo para cima, sem que ninguém notasse, for-

---

16. *Idem*, pp. 289, 627.
17. *Idem*, pp. 628-629.

mava-se uma mitologia teatral inequivocamente brasileira, centrada na Bahia e originária da revista. O exemplo mais claro disso foi a lenta e difícil ascensão do maxixe, que se constituiu em gênero musical, antecessor do samba, a partir de uma maneira de dançar, mais requebrada, francamente erótica, não aceitável a não ser pelas camadas populares[18].

O teatro musicado, em suas várias encarnações, significou um aumento ponderável de público, com benefícios econômicos para intérpretes e autores, e o decréscimo de aspirações literárias. Após os sonhos despertados pelo romantismo, quando os escritores acharam que poderiam dizer alguma coisa de importante sobre a liberdade e a nacionalidade, e após o realismo, que examinou moralmente os fundamentos da família burguesa, a opereta, a revista e a mágica surgiam como nítido anticlímax. Até o amor descera a níveis mais corpóreos e menos idílicos.

Esta impressão não é só da posteridade. Palavras de atores como Vasques e Xisto Bahia, de autores como Artur Azevedo, deixam transparecer sem margem de dúvida a mesma decepção, perante o fato de que o teatro se contentara com limites afinal de contas modestos, não desejando ultrapassar as fronteiras de boa diversão, destinada a pessoas não particularmente interessadas seja na literatura seja na música.

---

18. Cf. J. Efegê, *Maxixe: A Dança Excomungada*, Rio de Janeiro, Conquista, 1974; J. R. Tinhorão, *Pequena História da Música Popular*, Petrópolis, Vozes, 1974.

7
A Evolução da Comédia
———————//———————

Tragédia e drama haviam sido tragados pelas sucessivas ondas do teatro musicado. Nesse sentido, o naturalismo, corolário do realismo, nunca chegou a existir no Brasil. Restava, portanto, para os autores nacionais, como gênero comercialmente viável, a comédia. Esta, de acordo com a poética clássica encarnada por Molière, podia inclinar-se seja para o estudo psicológico (*O Avarento*), seja para a descrição de costumes (*As Preciosas Ridículas*), seja para as complicações do enredo (*As Artimanhas de Scapin*). Em Martins Pena encontrava-se, em germe, um pouco dessas três possibilidades dramatúrgicas, que, evidentemente, não se excluem. Foi a segunda que predominou no Brasil, dando origem à nossa única tradição teatral: a da comédia de costumes. Assim mesmo, a sua continuidade histórica nunca foi perfeita. Um autor ou uma peça cintilavam por um instante no pálido firmamento dramático brasileiro, lançando uma luz logo julgada imorredoura. Todos suspiravam de satisfação: estava finalmente criado o teatro nacional. Mas a luz vacilava, apagava-se, voltava a imperar a escuridão, até que o brilho de outro astro reacendesse as esperanças.

Joaquim Manoel de Macedo (1820-1882), o mais popular romancista da sua época, autor fácil e fecundo, passou sem muita convicção ou força por todos os gêneros teatrais disponíveis no momento: o drama em verso (*O Cego*); a imitação do francês (*O Primo da Califórnia*, inspirado longinquamente em *L'oncle d'Amérique*, de Scribe); a chamada "ópera" (*O Fantasma Branco*); o drama sacro (*O Sacrifício de Isaac*); a peça indígena (*Cobê*); o drama realista (*Luxo e Vaidade*); a comédia realista (*Cincinato Quebra-Louça*) e a burleta (*Antonica da Silva*).

O campo em que se achava mais à vontade era o da comédia, em que incidiu por várias vezes, com resultados apreciáveis. As suas fronteiras estariam, de uma parte, na farsa de Martins Pena, com o seu jogo de disfarces e qüiproquós, e, de outra, nas peças realistas de José de Alencar, dramas ou comédias que discutiam a validade dos casamentos feitos por interesse, os adultérios masculinos e femininos, a prostituição elegante e as relações sociais estabelecidas entre a média e a grande burguesia, a primeira cheia de virtudes devidas à modéstia de recursos e de intenções, a segunda já propensa à arrogância e à ostentação.

A cidade do Rio de Janeiro crescia, aumentava o vulto das aplicações econômicas e financeiras, os bailes e festas mundanas substituíam os antigos serões familiares, e os escritores viam com perplexidade e alguma desconfiança os novos hábitos morais. Macedo, no entanto, não possuía a envergadura intelectual de Alencar. Quando arrisca pouco, acerta às vezes. Quando aposta mais forte, afunda-se no folhetinesco e no novelesco.

Joaquim Manuel de Macedo (original de Belmiro).

A *Torre em Concurso*, de 1861, agrada pela simplicidade de linhas e despretensão do enredo. Intitula-se *Comédia Burlesca em Três Atos*, mas, na verdade, seria antes um *vaudeville*, na acepção francesa, por não buscar o aprofundamento psicológico, contentando-se com esboços sumários porém funcionais no palco, e também por empregar de forma sistemática o *couplet*, desdobrando a música em árias, duetos, trios e coros. O que, por si só, significava menos realismo e mais fantasia. O autor da partitura, no entanto, não se identifica na edição da peça, provavelmente porque não existia como unidade. A música devia aproveitar, como fazia o *vaudeville* francês, melodias já conhecidas do público. Uma dessas árias, a que começa com as palavras "Torre querida, Corro a salvar-te", talvez fosse cantada, em tom paródico, com a música de *Di quella Pira* (*Madre Infelice, Corro a Salvarti*), de *Il Trovatore*, de Verdi, a essa altura já em plena voga no Rio de Janeiro. Trata-se, evidentemente, de uma simples hipótese, porém não descabida, uma vez que era hábito transformar em canção popular, com letra brasileira, as melodias mais fáceis e comunicativas da ópera italiana.

O formato "burlesco" da peça é dado pelo enredo. Num povoado perdido na imensidão brasileira abre-se o concurso para a edificação da torre da igreja. Uma de suas condições, a principal, sendo possivelmente inédita, não deixava de corresponder a um certo sentimento de inferioridade nacional, que alargava ainda mais, pela imaginação, o fosso realmente existente entre a América do Sul e a Europa. Dizia o edital: "O engenheiro há de ser inglês de nação e ter vindo ao Brasil já barbado". Exigia-se do candidato, como se vê, que não fosse sequer tocado, na infância ou na adolescência, pela ignorância local.

Dois refugos de companhias teatrais "volantes", mais tarde denominadas "mambembes", as que percorriam as pequenas cidades, um ator e um "puxa-vistas" (maquinista de teatro), com o atrevimento e a coragem de quem está acostumado a improvisar espetáculos, apresentam-se na localidade como arquitetos britânicos. Confiam em que não serão desmascarados, visto que ninguém nas redondezas conhece o idioma inglês. Um veste-se de "casaca vermelha", o outro de "niza amarela". É quanto basta para que se formem imediatamente dois partidos, o vermelho e o amarelo, baseados ambos em rivalidades e implicâncias locais. Paralelamente, desenrola-se uma trama amorosa, sob a forma de triângulo. No desfecho, Henrique, brasileiro e engenheiro, vence as duas porfias: fica com a namorada (não com a tia dela, velha e rica, que igualmente pretendia a sua mão) e será o encarregado da construção da famosa torre. Um elemento nacional derrotou os falsos estrangeiros, ao passo que os jovens casar-se-ão entre si, como é de regra na comédia.

Dentro de toda essa brincadeira cênica, que não se leva e não deseja ser levada a sério, desponta um intuito político menos lúdico, se não propriamente original, pelo menos eficaz quanto à comicidade farsesca. A parte central do enredo é dedicada à eleição travada entre vermelhos e amarelos. Nada os separa além de palavras e ânimos exaltadíssimos. O Brasil político dividia-se, nesses meados do século XIX, entre conservadores e liberais. As diferenças entre eles, contudo, não se revelavam tão marcantes quanto esses dois títulos dão a entender. Dizia-se que nada mais parecido com um conservador do que um liberal no governo. A sátira, portanto, tinha endereço certo. Tudo de ilícito ocorre no dia fatal da eleição: compras de votos, cambalachos de última hora, furtos de urnas, eleitores fictícios, troca de desaforos e de bofetões – tudo aos gritos de "Viva o voto livre!". Alguns versos, entoados pelo Coro Geral, descrevem as forças em choque:

> Pedido, ameaça,
> Intriga, dinheiro,
> Mentira, trapaça;
> Violência e pancada.
> ....
> Vencer é o caso,
> O mais é história.

Como se não fosse o suficiente, uma das personagens, um pouco mais lúcida, extrai a lição para o público: "Atira-se o pobre povo em uma comédia que às vezes acaba em tragédia, e aqui está o que é uma eleição!..."[1]

A figura do inglês, falso ou verdadeiro, não era novidade em nossos palcos. Martins Pena organizara em torno dela a comédia *Os Dois ou o Inglês Maquinista*. Tanto na sua peça como na de Macedo o inglês é um intrujão que se vale da fama tecnológica desfrutada por sua pátria para embair a ingenuidade nacional. E há, nas personagens envolvidas nas duas farsas, para distinguir a língua inglesa, o uso da mesma palavra. Em Martins Pena ela surge como "Goddam!". O texto de Macedo simplifica-a burlescamente para "Godemi!". Talvez não seja alheia a estas expressões uma tirada brilhante de Fígaro, em *Le mariage de Figaro*, na qual o antigo barbeiro de Sevilha ensina ao seu amo, o Conde de Almaviva, que

---

1. J. M. Macedo, *Teatro Completo*, Rio de Janeiro, Serviço Nacional do Teatro, 1979, tomo 1, p. 229. A edição de *O Macaco do Vizinho*, citada a seguir, é da "Coletânea Teatral" da *Revista da SBAT*, Caderno nº 59.

Avec *God-dam* en Angleterre, on ne manque de rien nulle part. [...] Les Anglais, à la vérité, ajoutent par ci, par là quelques autres mot en conversant; mais il l'est bien aisé de voir que *God-dam* est le fonds de la langue.

Sabia-se já que Martins Pena lera Molière, a quem foi algumas vezes comparado. Parece provável, sobretudo levando-se em conta a influência que a França exercia sobre o Brasil, que ele conhecesse também o seu tanto de Beaumarchais. Quanto a Macedo, neste caso, ter-se-ia limitado a navegar, com menos proficiência, nas mesmas águas lingüísticas e cômicas. Nada disto, claro está, fora das normas usuais da criação artística. Escreve-se sempre a favor ou contra o passado – e na comédia, de qualquer modo, não se verificaram as mesmas contestações românticas que no drama.

Para completar o quadro de uma obra teatral extensa e relativamente variada, porém destituída de originalidade e individualidade, comentaremos apenas mais uma comédia do autor, publicada aliás postumamente, em 1885, com a indicação reduzida a duas palavras: Dr. Macedo. Mas histórica e estilisticamente a peça não pode ser de outro senão do médico e ficcionista Dr. Joaquim Manoel de Macedo.

O tempo havia corrido e o adultério feminino, um dos grandes temas da literatura no século XIX, penetrara nos palcos nacionais através de vários dramas e comédias mais ou menos realistas. Descobrira-se que a mulher é capaz de enganar o marido, não exclusivamente o pai, como se acreditava nas farsas de Martins Pena. O *Macaco do Vizinho* trata essa idéia nova com mão delicada, mais como possibilidade do que como fato, menos como comédia do que como *vaudeville*, devidamente ornamentado com numerosos *couplets*, que obrigam volta e meia os atores a passarem da fala ao canto.

O *Macaco do Vizinho*, de Macedo, na interpretação de O Tablado.

A trama da peça é tão simples quanto a de *A Torre em Concurso*. Cinco são as personagens, mais o criado, que se limita a abrir portas e anunciar pessoas. A ação decorre em dois atos curtos, na mesma sala e no mesmo dia. Marcelo, casado há um ano, não dispensa à esposa, Sofia, toda a atenção que ela merece, tanto de noite – "não me fala, dorme logo" – quanto de dia. Passa as horas, quando não vai ao centro da cidade a negócios, defendendo a sua querida coleção de canários – mania do Rio, pelo que se depreende – dos insistentes ataques de um audacioso macaco do vizinho. Não só limpa e alimenta os seus preciosos pássaros, como se empenha em acasalá-los, unindo, por exemplo, o canário Cônego Felipe e a canária Rainha de Sabá. Com a miopia dos maridos desatentos ou complacentes, não percebe que a sua própria canária, Sofia, sofre o cerco assíduo de um mal-intencionado macaco do vizinho, o seu amigo Juvêncio, exímio em imitar o trinado de um canário apaixonado. A honra do casal, assim ameaçada, é salva por Beatriz (irmã de Marcelo e confidente de Sofia), que, com a sua rica experiência de viúva, não só põe à prova o seu futuro marido, fazendo-o escolher previamente entre ela e os canários, como também providencia um encontro às escondidas, que desvenda para Marcelo os verdadeiros intuitos de Juvêncio, ao visitar a sua casa com tamanha freqüência.

Os elementos do enredo, como as personagens, são todos convencionais, terreno em que se move Macedo. O que salva a comédia da trivialidade, dando-lhe uma certa graça e encanto, é o uso brincalhão e imaginativo que o autor faz da metáfora para dizer tudo que não se podia expressar abertamente. A metáfora maior, evidentemente, é a contida no título, com a fábula dos animais – canário e macaco – repetindo o que sucede no plano dos homens. Mas a resistência de Sofia ao assédio de Juvêncio é evocada, mais de passagem, por uma segunda metáfora, a da pedra dura que resiste à água mole, mas só até certo ponto – "Ai, se a pedra amolecer!...". A virtude das senhoras casadas existe, mas tem igualmente os seus limites.

Macedo aproveitava a maior liberdade de costumes que o teatro ia ganhando ao se aproximar do século XX, sem, no entanto, ir além do socialmente permitido. Sem ferir o decoro, alude à sexualidade com bastante franqueza. Em outro texto seu, *Antonica da Silva*, qualificado como "burleta", ele tira, através da personagem mais arguta, a moralidade que deseja passar ao público: colocar uma moça solteira e um rapaz solteiro sob o mesmo teto, deixando-os meio a sós, equivale a pôr "a mecha ao pé do barril de pólvora". Ele, como autor, salva as aparências, casando os dois jovens antes que o inevitável aconteça. Mas parece que não se importaria tanto se tudo fosse mesmo pelos ares. Como médico, aceita a natureza humana em sua totalidade, corpo não menos do que espírito, com lugar assegurado para a reprodução da espécie.

Chegamos desse modo a França Júnior, Joaquim José da França Júnior (1838-1890), o último titular, por assim dizer oficial, do posto de comediógrafo brasileiro, antes do reinado absoluto de Artur Azevedo. Ele fez o seu aprendizado nas indefectíveis comédias de um ato, alternando-as com raras peças de três ou quatro atos, até que a sua *vis comica* florescesse em 1882, com duas comédias que exploravam, um tanto pelo avesso, a vida política nacional, que ele, sem ser político, conhecia bem, tendo sido secretário da Presidência da Bahia.

França Júnior, quando escreveu essas peças, já era muito conhecido, como autor teatral e como folhetinista – o seu volume de *Folhetins* alcançou em 1926 a sua quarta edição, fato raro na bibliografia brasileira. Esta função, exercida com êxito

em vários jornais, deu ensejo a que ele reunisse um grande
número de anotações sobre pessoas e costumes, que lhe ser-
vissem de lastro, além de facultar-lhe o exercício da veia teatral, pois que entremeava os seus divertidos comentários com
pequenos diálogos ficcionais, que podiam depois ser transcri-
tos sem grandes alterações para o palco.

A preocupação com o lugar-comum, com o que se fala
quando não se diz nada, atravessa boa parte da literatura do
século XIX. É nessa linha de mediocridade satisfeita consigo
mesma, observada por um olho irônico mas destituído de
maldade, que se deve ler as duas comédias de costumes políticos – de maus costumes políticos na verdade – escritas por
França Júnior, ambas em três atos. *Como se Fazia um Deputado* pega o fio da meada em seu ponto inicial: a eleição de um
deputado numa vila do interior, certamente não distante da-
quela imaginada por Macedo em *A Torre em Concurso. Caiu o
Ministério!*, ao contrário, retrata a mudança de poder efetuada
em seu nível mais alto, quando desfaz-se um gabinete parla-
mentar e se começa a organizar outro. Nessa subida da roça à
corte, as praças públicas provinciais cedem lugar a uma rua
mirífica, onde se concentravam a moda, o boato, o comércio,
a imprensa, a literatura, o mexerico feminino e a política, na
sua parte meramente falada. O Rio de Janeiro era o centro do
Brasil, e a Rua do Ouvidor, o centro do Rio de Janeiro.

Como se Fazia um Deputado[2] chamou-se primitivamente
Como se Faz um Deputado, título mais apropriado. A superve-
niência de uma lei eleitoral cheia de boas intenções não fez que
fossem relegados ao passado os vícios do presente que, como

---

2. França Júnior, *Teatro*, Rio de Janeiro, Serviço Nacional do Teatro, 1980,
   tomo 2, pp. 123-168.

sabe a história, não foram banidos com essa penada jurídica.
Duas personalidades locais disputam o poder na Freguesia de
Santo Antônio do Barro Vermelho: o Major Limoeiro e o Tenen-
te-Coronel Chico Bento, os dois sendo oficiais desse exército civil
e imaginário, existente quase só no papel, que foi a Guarda Nacional. O Major é ignorante, inteligente, matreiro – é de sua cabeça que brotam os incidentes principais da peça. O Tenente-
Coronel, em compensação, goza de certo prestígio social, talvez
por citar com freqüência frases em latim, língua do Direito e da
sapiência. A circunstância de militarem em partidos opostos não
os separa porque os unem as idéias – ou melhor, a ausência de
idéias políticas. Daí o plano que arquitetam juntos: o casamento de Henrique, sobrinho e herdeiro de Limoeiro, com Rosinha,
filha de Chico Bento. Os resultados não podem falhar:

> Limoeiro – [...] O Tenente-Coronel compreende... Eu sou liberal. ...O
> meu amigo é conservador...
> Chico Bento – Já atinei! Já atinei! Quando o Partido Conservador estiver
> no poder...
> Limoeiro – Temos o governo em casa. E quando o Partido Liberal subir...
> Chico Bento – Não nos saiu o governo de casa.

A dificuldade estaria em convencer os futuros nubentes.
O que se dá sem maiores tropeços – para isso existe a técnica
dramatúrgica. Ao rapaz, que acaba de receber o seu canudo
de bacharel em Direito, agrada a simplicidade roceira de Rosinha, que além de tudo é bonita. E ela se entusiasma com a
perspectiva de casar-se com um doutor, de quem tinha gratas
recordações de infância, e partir com ele para o Rio de Janeiro. O casamento de conveniência, para que nada perturbe a
alegria do público, transforma-se magicamente, mas não sem
uma certa lógica cênica, em amor quase à primeira vista.

A eleição, contudo, não se efetua sem choques, mais físicos do que mentais. Os que perceberam a manobra política – e são muitos – protestam contra o que qualificam de "patota". Roubos de urnas, capangas de cacete e navalha na mão, defuntos, escravos e estrangeiros que votam, nada falta a essa farsa eleitoral, nem mesmo o Major Limoeiro proclamando em alto e bom som: "Perca-se tudo, senhores, mas salve-se a moralidade pública. Deixem o cidadão livre e independente votar".

Uma vez eleito, no segundo turno (o primeiro foi convenientemente anulado), Henrique cai em si:

> Acabo de sair dos braços da academia, do meio de uma sociedade leal e generosa, cheio de crenças, sonhando com a felicidade da minha pátria, e eis que de chofre matam-me as ilusões, atirando-me no meio da mais horrível das realidades deste país – uma eleição, com todo o seu cortejo de infâmias e misérias.

A crítica social poderia azedar, mais do que convém a uma comédia. O autor, todavia, sempre com o auxílio providencial do Major Limoeiro, sabe como contorná-la. Rosinha, apaixonada pelo noivo e correspondida por ele, é quem se encarrega de persuadi-lo a não deixar escapar essa oportunidade de ascensão social, tão promissora para ele como para ela. O enredo da comédia termina por aqui. Mas não é impossível que o futuro de Henrique decorra segundo os sonhos otimistas do Major:

> Moço, rico, talentoso, deputado provincial aos vinte e quatro anos, futuro representante da nação aos vinte e cinco, futuro ministro aos vinte e seis, futuro chefe de partido aos trinta e futuro senador do império aos quarenta.

A proteção política – "o empenho", na linguagem da época –, o filhotismo aliado ao compadrio, indicam essa direção.

REVISTA ILLUSTRADA

CAPITAL		PUBLICADA POR ANGELO AGOSTINI.	ESTADOS	
ANNO	16$000	A correspondencia e reclamações devem ser dirigidas	ANNO	20$000
SEMESTRE	9$000	Á RUA DE GONÇALVES DIAS, N.º 50, SOBRADO.	SEMESTRE	11$000
TRIMESTRE	5$000		AVULSO	1$000

Dr França Jor

Pode-se analisar a peça, sem extrapolar os seus limites, por dois lados. Em seu sentido mais ambicioso ela nos coloca frente a dois Brasis opostos: o agrário e o citadino; o dos coronéis e o dos bacharéis; o do fato e o da lei; o que age ("zás-trás nó cego" é um dos lemas do Major Limoeiro) e o que discursa (e lá está, entre outras coisas, o "Peço a palavra pela ordem"). Visto mais de perto, considerando os indivíduos, o enredo revela outro aspecto: a conversão dos jovens, efetuada pelos mais velhos. Henrique sai da experiência (ou da inexperiência) acadêmica para cair na realidade política, provavelmente para nunca mais fugir dela. E Rosinha passa de meninona, preocupada em contrariar a mãe ("Eu já disse que não quero; e quando digo que não quero, é porque não quero mesmo"), a mulher adulta, capaz de negociar com o futuro marido, começando a desfrutar o seu poder feminino de sedução. Não se trata de "educação sentimental", porque os sentimentos representam papel secundário. Mas é uma espécie de escola da vida prática, posta a serviço de dois jovens simpáticos, e no fundo dóceis, que não oferecem resistência à cooptação social. Não havendo conflito, dissolve-se a agressividade existente em estado potencial no enredo.

A música, temos constatado, desempenha uma função primordial neste final de século, encaminhando o texto seja para a realidade, seja para a fantasia. Martins Pena costumava colocá-la unicamente no desfecho, sob a forma de festa popular, sem quebrar assim a verossimilhança. Joaquim Manoel de Macedo faz freqüentemente as suas personagens cantarem, só não chegando à opereta por falta de ousadia ou de recursos empresariais.

Como se Fazia um Deputado emprega a música apenas para dar um ar festivo ao espetáculo. O primeiro ato abre e fecha com um coro de escravos, saudando a chegada do Dou-

tor Henrique. O segundo desenvolve-se ao som de um ines-
perado coro de capangas. E o terceiro finaliza com um batu-
que, cantado e dançado pelos escravos, em comemoração à
vitória eleitoral do Doutor e à emancipação de um deles, exatamente o que mais vezes votara na eleição (como se sabe, os
escravos não tinham direito a voto).

*Caiu o Ministério*³, vindo a seguir, não lança mão da música. Se se podia estilizar a roça em tons cômicos, bem mais
difícil seria fazer cantar os transeuntes da Rua do Ouvidor ou
os freqüentadores da casa de um político em evidência. Dimi-
nuindo a distância entre personagens e espectadores, teria de
aumentar o grau de realismo da representação, ainda que sem
prejudicar o traço caricatural, indispensável ao gênero.

As peças anteriores de França Júnior beneficiavam-se aqui
e ali de sugestões esparsas pelos *Folhetins*. Mas não nas proporções de *Caiu o Ministério!* Todo o seu primeiro ato, que
tem por cenário a Rua do Ouvidor, com boatos sobre a formação do novo gabinete, com vendedores de loterias, garotos
anunciando jornais, mulheres fazendo compras e comentando
a vida alheia, bebe diretamente a sua inspiração, embora não
o seu entrecho, no volume de crônicas do escritor carioca, em
capítulos intitulados *A Rua do Ouvidor* e *Organizações Minis-
teriais*. No segundo e terceiro atos, além destes folhetins, é
utilizado também o denominado *Pretendentes*, sobre candida-
tos a empregos que assediam ministros recém-nomeados⁴.

Algumas das tiradas mais contundentes da peça têm tal
origem. Exemplos:

3. *Idem*, pp. 189-221.
4. França Júnior, *Folhetins,* Rio de Janeiro, Jacinto Ribeiro dos Santos, 1915,
   pp. 7-15, 227-236, 107-118.

Há no Brasil uma grande mesa, chamada orçamento, onde, com raras exceções, todos têm o seu talher.

Há um ente neste país chamado empenho, senhor de baraço e cutelo, que tudo ata e desata, e a quem até os mais poderosos curvam a cabeça.

Eu pertenço ao partido que tem por partido tirar partido de todos os partidos.

O entrecho, no entanto, não tem essa procedência, que não caberia no tamanho e nas intenções de um folhetim. A comédia, aliás, alarga talvez em demasia as suas dimensões ficcionais, esgarçando o fio do enredo e espraiando-se por perto de trinta personagens, incluindo-se nelas os figurantes com título ou nome próprio. Parece evidente que o autor, paisagista pertencente à escola criada no Brasil pelo pintor alemão George Grimm, preocupou-se mais com o quadro da sociedade brasileira do que com uma história interessante a ser contada. Quase não há enredo, a não ser a ascensão e queda do Ministério, tudo contido no espaço de quinze dias.

Mas, no meio da mediocridade das personagens, de diálogos cuja graça reside no emprego sistemático do lugar-comum, na repetição de frases de mera formalidade ("– E a senhora cada vez mais moça", "– São os seus olhos"), ergue-se uma trama, um projeto ferroviário que, em contraposição, é cômico por ser inteiramente inverossímil, destinado a provar mais uma vez a credulidade nacional em face do estrangeiro. Um inglês (sempre eles) pretende obter do novo Ministério privilégio para construir uma extravagante estrada de ferro, de subida ao morro do Corcovado e movida a cachorros. As dificuldades enfrentadas, no entanto, que ocasionam a queda do Ministério, não se prendem ao absurdo da idéia e sim ao tratamento jurídico e político dado ao caso. É ao que alude esta conversa, travada entre um dos ministros e a sua esposa:

FILOMENA – E o que tem os cachorros?

BRITO – É que levantou-se a dúvida se o cachorro pode ser considerado motor, se a estrada estava nas condições da lei.

FILOMENA – Pois eu presidente do Conselho cortava a dúvida dizendo: – o cachorro é motor, e concedia o privilégio. [...] E o que se lucra em consultar a Câmara? Em assanhar a oposição e formar no seio do Parlamento dois partidos, o dos cachorros e o dos que se batem, como leões, contra os cachorros.

O vazio da vida diária e a tolice da vida política é o que se demonstra na peça, às vezes pelo método do absurdo. Os males do Brasil, na visão proposta por França Júnior, não estariam na roubalheira, como se asseverava, mas, antes, na bacharelice, no amor às belas palavras ("É um canário", diz-se a propósito de um orador) e na proteção à parentela, com tios encaminhando sobrinhos e pais favorecendo possíveis genros.

Note-se, de passagem, que os boatos maledicentes vão muito além dos fatos e que o ministro em questão sai do governo tão pobre quanto entrou. Note-se, igualmente, que as mulheres, ficando à margem das negociações e decisões coletivas, são sempre mais radicais em palavras do que os homens. Uma delas, esposa de um candidato fracassado a ministro, acha que não seria difícil governar: "Pois se eu fosse homem acabava com as câmaras, com o governo, com liberais, conservadores e republicanos e reformava este país". Plataforma simplista e autoritária ainda hoje adotada por muita gente.

As Doutoras[5], encenada em 1890, é a penúltima peça de França Júnior e a última a ser publicada, o que, com a morte do escritor, só veio a ocorrer em 1932. Quase uma peça de tese,

---

5. França Júnior, *Teatro,* Rio de Janeiro, Serviço Nacional do Teatro, tomo 2, pp. 223-291.

ela envelheceu muito, tanto quanto a sua idéia cômica central. Já não é engraçado, como há cem anos, ver no palco uma mulher dar consultas médicas ou perorar no mais empolado estilo forense. O autor aposta que teria o futuro a seu favor, como mostra este diálogo entre marido e mulher, onde ela, no entender do escritor, é que estaria certa:

> PRAXEDES – [...] Espera um pouco, deixa a coisa entrar em seus eixos e verás que nisto que tu condenas atualmente está a família do futuro, a sociedade do futuro, a felicidade do futuro...
> MARIA – Havemos de ver este futuro.

Estamos vendo este futuro – e ele, a contrapelo do desejado pelo autor, deu razão a Praxedes. Não que França Júnior condene a mulher à ignorância. Mas a especificidade do saber feminino, representada na peça por Maria, a mãe, consistiria no estudo de línguas estrangeiras, francês, inglês, e no exercício das artes caseiras, nomeadamente a música e a pintura. Esta é a preciosa herança que ela, no passado, intentou legar à filha, Luíza. Porém, o pai, Praxedes, temperamento utópico, fora da realidade, sempre sonhando com o futuro, encaminhou-a na direção oposta, educando-a como homem.

Na cena inicial da comédia, Luíza, ao se formar em medicina, casa-se com Pereira, seu colega de turma. Ambos principiam a clinicar, cada qual com o seu consultório e as suas teorias médicas. Não demora mais de um ato para que o espírito de competição profissional comece a afastar um do outro. Surge a perspectiva de separação, até de divórcio, quando entram em cena dois advogados, ainda solteiros: Carlota, que passa a aconselhar Pereira com um zelo jurídico e pessoal que a esposa dele julga excessivo, e Martins, que com a magnanimidade do sexo forte acolhe em seus ombros as queixas e lágrimas de Luíza. Paira no ar por um momento a possibilidade de uma sensacional – e moderníssima – troca de casais. Porém, não: a moralidade não perecerá. "Se eles ao menos tivessem um filho", suspira Praxedes, agarrando-se em pensamento a essa milagrosa solução. Mas Eulália, a criada portuguesa que governa a casa, não crê em tal desfecho, entretidos como estão Luíza e Pereira com a clínica médica:

> EULÁLIA (*ainda chorando*) – Qual filhos, patrão! Se eles não têm tempo para isso... Se nunca pensam nisto.

O fato é que eles tiveram tempo e pensaram nisto. A gravidez de Luíza, sobrevinda no fim do terceiro ato, recoloca as coisas em seus devidos lugares. No quarto ato, todas as discordâncias entre o casal foram superadas: nasceu Luizinho. Carlota, a eloqüente e pedante advogada ("uma canária", murmuram quando ela fala), casou-se entrementes com Martins e também teve uma filha, por coincidência chamada Luizinha. As duas jovens mães, esquecidas que são ou foram doutoras, só têm olhos para os maridos e para os nenês. A palavra final, quanto ao conteúdo ideológico, fica com os avós:

> PRAXEDES – Mas, para amamentar uma criança não era preciso cursar seis anos de academia. Se eu a tivesse destinado para isso tinha dado outra orientação à sua vida.
>
> MARIA – Que queres? As leis da natureza são mais fortes que a vontade dos reformadores.

Haveria, então, uma lei da natureza, certamente biológica, que impediria à mulher o acesso à Medicina e ao Direito, apesar de Carlota aludir por duas vezes ao caráter social do feminismo, referindo-se a "conquista sociológica" e "programa das reformas sociológicas femininas". França Júnior, pelo que se deduz, estava a par do problema, mas preferia reservar à mulher o espaço que se define na sua peça como "o círculo do amor", ou seja, em termos menos belos e mais diretos, a fecundação e a procriação. Que ponto de vista tão indiferente ao destino humano da mulher tenha sido defendido depois de Ibsen haver escrito *Casa de Boneca* cobre de vergonha a dramaturgia nacional. Mas nem por isso *As Doutoras* achavam-se atrasadas em relação ao meio que as concebeu. O Brasil, com efeito, mal começava a ter as suas primeiras médicas e advogadas.

Como construção dramática, a comédia, comparada às anteriores, ganha por um lado e perde pelo outro. Reduzindo-se as personagens ao mínimo indispensável – regra do classicismo francês – fortifica-se e entrelaça-se o enredo. O segundo casal jovem, Carlota e Martins, repete, com pequeno atraso, o percurso feito pelo primeiro par, Luíza e Pereira, reforçando a tese expendida pelo autor. O inverossímil desaparece do palco – exceto se considerarmos como tal a própria existência de duas doutoras –, encaixando-se a ação, sem dificuldade, numa sala comum e numa família da mais exemplar mediania burguesa. O nível de comicidade, em contrapartida, baixou, talvez porque o assunto, com as suas implicações sociais e morais, conviesse antes à comédia séria. Outra, no entanto, era a vocação de França Júnior. Para animar e movimentar a cena, ele não encontrou nada melhor do que uma criada portuguesa, inventada segundo as mais batidas convenções de palco.

As Doutoras decepcionam como pensamento e não entusiasmam como diversão. Bem engendrada, não há dúvida, construída sobre o jogo de simetrias e antíteses, faltam-lhe, para igualar-se aos modelos franceses, seja o dom da fantasia, um maior número de achados e surpresas cômicas, seja, em contraposição, mais tecido conjuntivo, que, disfarçando a ossatura do enredo, convencesse pela naturalidade do retrato. Como se apresenta, situando-se entre a comédia de costumes e a peça de tese, não se realiza plenamente nem em um nem em outro sentido.

A comédia brasileira, em última análise, nunca rompeu a barreira que a fechava num campo afinal bastante restrito. Nunca foi tocada pela fantasia poética shakespeariana, que produziu na França um autor teatral como Alfred de Musset. E, dentro da estética clássica, não foi capaz de construir *caracteres* (no sentido francês de tipos psicológicos universais), nem primou pela originalidade de enredo. Trabalhando com material humano comum, de uso de todos os comediógrafos, só propôs na verdade duas oposições básicas: a do estrangeiro *versus* o nacional e a do homem da roça *versus* o habitante da Corte. Nesse sentido, nem Macedo nem França Júnior foram muito além do que traçara Martins Pena, com maior carga de inventividade.

8
A Passagem do Século: a Burleta

Se o teatro nacional jamais soube ou teve forças para se organizar, de modo a caminhar para a frente, já o mesmo não se dirá de elencos estrangeiros em terras do Brasil. Firmou-se, nos últimos decênios do século XIX, um roteiro artístico que abrangia cidades litorâneas como Rio de Janeiro, São Paulo (graças ao porto de Santos), Montevidéu e Buenos Aires. No verão europeu, que coincidia com o inverno ao sul do equador, os atores dramáticos ou cantores líricos franceses e italianos, em período de férias, uniam-se em grandes companhias, encabeçadas por duas ou três celebridades, partindo para a conquista dos pontos extremos do mundo ocidental – Rússia, Estados Unidos, América do Sul. Durante a demorada travessia do Atlântico ensaiava-se o repertório, extenso e variado, porque cada espetáculo pouco tempo permanecia em cartaz, só se reprisando os de maior sucesso. Dois gêneros figuravam no topo da hierarquia teatral: a ópera e a tragédia.

O mais apreciado era a ópera, já que a música falava uma língua ainda mais universal e acessível a ouvidos latinos que o italiano ou o francês. Quando D. João VI trasladou-se, com a Corte portuguesa, para o Rio de Janeiro, trouxe consigo cantores, músicos, dançarinos e um maestro do porte de Marcos Portugal, compositor conhecido em toda a Europa. Mas as incertezas da política não deixaram que as partituras de Rossini, as mais executadas, tivessem o devido brilho. A verdadeira mania operística desencadeou-se em 1844 – D. Pedro II já firmado no trono – com a chegada da ópera romântica. A italiana Augusta Candiani, que cantou a *Norma*, de Bellini, pela primeira vez no Brasil, foi saudada como a musa da melancólica e etérea melodia da nova escola. A partir dessa data, alguns nomes de intérpretes marcaram a ascensão do canto lírico no Rio de Janeiro: Rosine Stoltz, consagrada por Paris e dizem que amada pelo Imperador, em 1852; Enrico Tamberlick, com o seu famoso "dó de peito", de invenção recente, em 1856. Na temporada privilegiada de 1881, cantaram *Il Guarany*, de Carlos Gomes, na pequenina cidade de São Paulo, a soprano Erminia Borghi-Mamo, o tenor Francesco Tamagno e o barítono Mattia Battistini, três luminares do canto oitocentista.

A tragédia, já representada com êxito por João Caetano, apresentou-se em seu mais alto nível no ano de 1871. Os italianos Ernesto Rossi e Tommaso Salvini (este, tomado como modelo de ator nos escritos teóricos de Stanislavski) enfrentaram-se em torno do *Hamlet* e do *Otelo* shakespeariano, dividindo as opiniões e apaixonando crítica e público. Antes de terminar o século, passaram pelo Brasil, além dos italianos Adelaide Ristori, Ermette Novelli, e do francês Coquelin, as duas mais famosas atrizes talvez de todos os tempos, Sarah Bernhardt e Eleonora Duse. Cada uma tinha o seu repertório próprio, de acordo com a língua de origem. Mas havia entre eles um ponto de interseção, *A Dama das Camélias*, papel com o qual toda grande intérprete feminina tinha de defrontar-se.

A concorrência que os elencos estrangeiros, os melhores do mundo latino, faziam aos nacionais era devastadora. Na virada do século, Artur Azevedo, comentando a situação calamitosa, escreveu:

> O Rio de Janeiro tem sido visitado por algumas das sumidades da arte dramática, universalmente consagradas; mas essas visitas, longe de concorrer para que o teatro nacional desabrochasse, produziram o efeito diametralmente oposto. O público não perdoa aos nossos autores não serem Shakespeare ou Molière; não perdoa aos nossos atores não serem Rossis, Novellis e Coquelins; não perdoa às nossas atrizes não serem Ristoris, Sarahs e Duses[1].

Na divisão do repertório, os europeus, franceses ou espanhóis, portugueses ou italianos, ficavam com a parte mais rica: a comédia fina, de fundo psicológico ou moral; a tragédia, incluindo-se nela Shakespeare, montado sempre em caráter um tanto excepcional; e o drama moderno, que começava a mudar, com a entrada em cena de Ibsen, Sudermann e mais tarde Gabrielle D'Annunzio.

Aos nacionais restavam peças de qualidade reputada inferior e de grande heterogeneidade: o dramalhão, a comédia tendente à farsa, a opereta traduzida e adaptada, a revista do ano, a mágica. Não admira, portanto, que, entre outros conjuntos de nomes semelhantes, houvesse um que se intitulava Companhia de Operetas, Dramas, Comédias, Mágicas e Revis-

---

1. Artur Azevedo, "O Teatro Dramático", *O Globo*, 5 maio 1900. [Transcrito da *Revista da SBAT* (Sociedade Brasileira de Autores Teatrais), Rio de Janeiro, nov.-dez. 1959.]

tas"[2]. Sobretudo nas excursões às províncias, os gêneros se sucediam uns aos outros, noite após noite, sempre interpretados pelo mesmo elenco de base. No Rio de Janeiro, que concentrava praticamente toda a atividade cultural do País, reinava mais disciplina empresarial e maior senso de especialização por parte dos atores. Cada teatro possuía, com a sua pequena orquestra e coro, o seu corpo mais ou menos estável de comediantes, podendo passar, conforme as razões da bilheteria, do teatro falado ao musicado, e vice-versa, porém sem pular diariamente de um gênero a outro.

Longe do Rio, poucas localidades conseguiram manter em funcionamento constante o seu ou os seus teatros, e essas mesmas com extrema dificuldade. Entre as exceções contavam-se, no Sul, Porto Alegre, que recebia, além dos brasileiros, espetáculos vindos de Buenos Aires e Montevidéu, com destaque para as *zarzuelas* espanholas; no Centro, São Paulo, beneficiado pela proximidade com a Corte (ou, depois da Proclamação da República, com a Capital Federal); no Nordeste, Recife, que centralizava o movimento artístico das províncias circunvizinhas; no Norte, Belém, principalmente no auge do comércio da borracha, entre 1890 e 1910.

Fora daí, o teatro aparecia mais como aspiração do que como realidade efetiva. Construir um edifício destinado a representações teatrais e musicais era dever cívico de toda cidade que se prezasse como tal. Mas raramente as condições econômicas permitiam que as suas portas continuassem abertas. Mesmo os heróicos grupos amadores locais poucas vezes iam além de duas ou três encenações pioneiras. O modo de viver

---

2. Cf. A. Barreto do Amaral, *História dos Velhos Teatros de São Paulo*, Governo de São Paulo, 1979, p. 125.

rural, voltado para os problemas relativos à subsistência física, pouco espaço concedia aos projetos artísticos. Um ciclo aparentemente fatal repetia-se: construção do teatro, com auxílio das autoridades locais e sob a direção de uns poucos abnegados; falta de público, uma vez esgotado o sabor de novidade; abandono progressivo do prédio, ameaçado de ruir depois de alguns anos; reforma; e *da capo*, numa rotina que em retrospecto torna-se exasperante. O teatro figurava como brasão aristocrático, emblema de civilização, não como realidade efetiva.

Algumas companhias, entretanto, venceram anos a fio tais obstáculos, percorrendo as províncias e cidades situadas fora do circuito habitual. Pode-se citar, a esse respeito, nomes obscuros, ou obscurecidos pelo tempo, como os de Moreira de Vasconcelos, ator, empresário, autor ignorado pela literatura teatral, e de Vicente Pontes de Oliveira, marido de Manuela Lucci, atriz elogiada por Artur Azevedo em *A Dama das Camélias*. O chamado "mambembe" também tinha a sua nobreza e a sua plebe.

O nome de Artur Azevedo (1855-1908) tem surgido com freqüência nestas páginas. É que, entre 1873, quando chega ao Rio, com 18 anos, vindo do Maranhão, e 1908, ano em que morre, ele foi o eixo em torno do qual girou o teatro brasileiro. Como crítico, êmulo do francês Francisque Sarcey, teve, como ele, bom senso e domínio da prática teatral. Como autor, admirador de Molière, de quem verteu para o português algumas peças, freqüentou de preferência o gênero cômico, que percorreu de alto a baixo. Já vimos a sua atuação como adaptador imaginoso de operetas (*La belle Hélène*, em suas mãos, duplicou-se surpreendentemente em *Abel, Helena*). Mas, além de tradutor infatigável, escreveu comédias, operetas brasileiras, revistas de ano, mágicas, cenas cômicas, cançonetas, monólo-

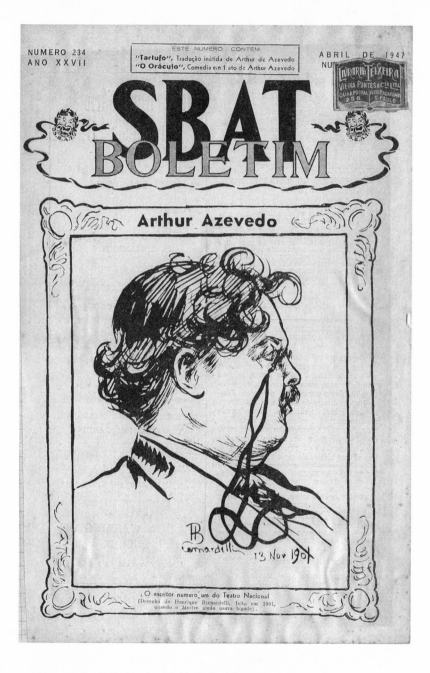

Número do Boletim da SBAT, dedicado a Artur Azevedo.

gos – fora uns poucos dramas, alguns generosamente a favor do abolicionismo. Participante ativo da vida teatral brasileira, a par do que se fazia em teatro na França e na Itália, pode-se dizer que, embora fosse jornalista e empregado público graduado, viveu do e para o teatro.

A sua segunda peça aproveitava o exemplo dado por Martins Pena. *Uma Véspera de Reis*, comédia de costumes em um ato, encenada na Bahia em 1875, com música de Francisco Libanio Colás e interpretação de Xisto Bahia e João Colás, tem o seu fecho com a reprodução, em cena, de uma festa de Reis:

> Reis – Entre o bando... (*Todos sentam-se, formando grupos. A música rompe; o rancho dos Reis entra e começa a executar as suas danças e cantigas; o povo agrupa-se na janela e invade a casa; cai o pano*)[3].

Terminado o enredo, entrava no palco, como em Martins Pena, a comemoração popular, dando ao público o prazer de se rever no palco, em versão divertida e pitoresca.

Mas a comédia de costumes não foi a única, nem a mais sonora corda de sua lira teatral. A parte de seu repertório que menos envelheceu, reaparecendo bem em encenações modernas, não foram os textos mais caprichados e literários. As suas qualidades estavam na escrita teatral, feita para o palco, não para a folha impressa, contando de antemão com o rendimento cênico proporcionado pelo jogo cômico dos atores. Incapaz de análises psicológicas ou de discussões morais, sabia delinear personagens e situações que faziam rir, de um riso simples e sem maldade. O seu diálogo sem pretensões não con-

---

3. Artur Azevedo, *Teatro*, Rio de Janeiro, Instituto Nacional de Artes Cênicas, tomo 1, s.d., p. 103.

tém *mots d'auteur*, frases em que o escritor se sobrepõe pelo espírito às suas criaturas de palco. Ao contrário, o teatro de Artur Azevedo dá a impressão de objetividade – objetividade de palco, evidentemente –, de cenas que são engraçadas não porque o autor é espirituoso mas porque os homens, de parceria com as mulheres, é que se metem em boas enrascadas.

De sua vastíssima obra – a fertilidade é característica desses autores, cuja ambição não vai muito além do palco –, as suas peças que parecem hoje em dia mais pessoais, menos sujeitas a fórmulas dramatúrgicas, pertencem ao mesmo gênero, um tanto indefinido, que não vicejou no Brasil a não ser nas cercanias de 1900. *A Capital Federal*, de 1897, definia-se como "comédia-opereta de costumes brasileiros". *O Mambembe*, de 1904, qualificava-se como "burleta", uma velha palavra do vocabulário teatral italiano, às vezes usada em Portugal. Talvez, por sua indeterminação, seja o rótulo mais apropriado a tais peças, que, sem preocupações estéticas, retiram a sua substância e a sua forma a um só tempo da comédia de costumes, da opereta, da revista, e até, com relação a certos efeitos cenográficos, da mágica.

A Capital Federal[4], pelo próprio título, seria o Rio de Janeiro passado em revista. Originou-se, de fato, da revista *O Tribofe*, encenada em 1891, da qual conservou dois ou três intérpretes e o contorno geral do enredo[5]. O pretexto lembra o de *La vie parisienne*, opereta de Offenbach: um casal provinciano em confronto com os perigos amorosos de uma gran-

---

4. *Idem*, tomo 4, pp. 313-418.
5. Cf. Artur Azevedo, *O Tribofe*, Rio de Janeiro, Nova Fronteira–Casa de Rui Barbosa, 1986. A edição traz prefácio de Alexandre Eulalio, notas de Aluísio Azevedo Sobrinho e estudos de Rachel Teixeira Valença e Décio de Almeida Prado.

Moreira Sampaio, colaborador de Artur Azevedo em inúmeras revistas do ano.

de cidade. O matuto, nos tempos de Martins Pena (*O Diletante*) e de França Júnior (*O Barão de Cotia*), era o paulista. Agora, ele é mineiro, o fazendeiro Seu Eusébio. E desta vez ele não vem só: acompanha-o a mulher, D. Fortunata, a filha, Quinota, o filho, Juquinha, e a mulata Benvinda, criada da casa que de certo modo faz parte da família.

O Rio de Janeiro comparece representado não pela natureza – Corcovado, Pão de Açúcar –, muito menos pelas praias, mas como centro modernizador e civilizador: ruas e largos apinhados de gente; o velódromo ("belódromo" na ortografia da peça), onde se disputam fraudulentas corridas de bicicleta; o hotel de perfil internacional; o bonde elétrico passando sobre os arcos do grandioso aqueduto construído no século XVIII – apoteose de fim do primeiro ato que faz Seu Eusébio exclamar maravilhado: "Oh! a capitá federá! a capitá federá!"

Mas é igualmente o foco de muitos males, a carestia, os aluguéis exorbitantes, a jogatina, a vida noturna, alimentada por boêmios como Seu Figueiredo, cultivador de mulatas, e por *cocottes*, como Lola, falsa espanhola, pião ao redor do qual volteiam nada menos que quatro homens: o próprio Seu Eusébio; Gouveia (o noivo de Quinota que desaparecera no Rio depois de pedir-lhe a mão em Minas); Lourenço, cocheiro com um gosto particular pelo teatro; e Duquinha, poeta decadentista, *fin-de-siècle*, que só acredita nos jovens: "As pessoas de mais de trinta anos não nos entendem".

A cena central é a da sedução, efetuada por Lola, de seu Eusébio, homem já de certa idade, caipirão, porém rico. Gouveia, o noivo de Quinota, estava nas mãos da *cocotte* enquanto ele tivesse dinheiro, isto é, enquanto na roleta desse a primeira dúzia, a jogada de sua preferência. O fazendeiro procura a falsa espanhola para resolver a questão. O encontro começa em tom cerimonioso, de quem não está bem à vontade. Mas sentem logo um pelo outro, por motivos diferentes, uma forte atração: a atração do sexo e a atração do dinheiro. A conversa entre eles, interpretados por Brandão, o Popularíssimo, e Pepa Ruiz, a maior estrela do teatro musicado, em papéis escritos para os dois, põe em evidência, ainda que indiretamente, o desejo mútuo de chegar a um rápido acordo. Eis as primeiras palavras:

EUSÉBIO – [...] Eu pensei que a madama embrulhasse língua comigo, e eu não entenderia nada do que a madama dissesse, mas tô vendo que fala bem o português...

LOLA – Eu sou espanhola e... o senhor sabe... o espanhol parece-se muito com o português; por exemplo: hombre, homem; mujer, mulher.

EUSÉBIO – (*mostrando o chapéu que tem na mão*) – E como é chapéu, madama?

LOLA – Sombrero.

EUSÉBIO – E guarda-chuva?

LOLA – Paraguas.

EUSÉBIO – É! Parece a mesma coisa. E cadeira?

LOLA – Silla.

EUSÉBIO – E janela?

LOLA – Ventana.

EUSÉBIO – Muito parecido!

Não custa mais do que alguns minutos, no entanto, para que o fazendeiro, deixando de lado o embaraço, confesse a si mesmo, por entre beijos e afagos de Lola: "Seu Eusébio tá perdido!"

Outra cena de sedução, em que "o micróbio da pândega", nativo do Rio de Janeiro, faz estragos na moral da família mineira, passa-se entre seu Figueiredo (papel representado por João Colás) e Benvinda. O boêmio carioca orgulha-se de lançar mulatas ("digo trigueira por ser menos rebarbativo") na vida mundana, especialmente baianas, para ele as mulheres mais belas do mundo, como canta numa copla:

> As mulatas da Bahia
> Têm decerto a primazia
> No capítulo mulher;
> O Sultão lá na Turquia
> Se as apanha um belo dia,
> De outro gênero não quer!

Mas Benvinda não revela flexibilidade, ainda que com vontade de aprender a profissão. Seu Figueiredo tem de ensinar-lhe até como a *cocotte* deve andar:

> FIGUEIREDO – [...] Vamos! anda um bocadinho até ali! Quero ver se aprendeste alguma coisa!
>
> BENVINDA – Sim sinhô. (*Anda*).
>
> FIGUEIREDO – Que o que! Não é nada disso! Não é preciso fazer projeções do holofote para todos os lados!. Assim, anda... (*Anda*)... Um movimento gracioso e quase imperceptível dos quadris...

Seu Figueiredo acabará vestido de Radamés, conduzindo pela mão Benvinda, como Aída, num baile à fantasia, dado por Lola no Sábado de Aleluia, no qual Seu Eusébio se exibe em trajes de "princês" (da Festa do Divino), e que termina, à francesa, num "cancan desenfreado em volta da mesa".

Artur Azevedo trata a sexualidade com uma desenvoltura inadmissível em outros tempos, em que as *cocottes* chamavam-se "cortesãs", e, sobre o palco, na trilha aberta pela *Dama das Camélias*, serviam de motivo a dramas morais, não a comédias apimentadas. Lola, aliás, é a primeira a reivindicar a sua condição profissional: "Que mania essa de não nos tomarem pelo que somos realmente!". Pouco antes, em 1895, Machado de Assis comentara, à margem da morte de Dumas Filho: "Cortesãs ou o que quer que elas eram em 1847, acabaram horizontais, nome que é, só por si, um programa inteiro, e é possível que já lhes hajam dado outro nome mais exato e mais cru"[6]. O naturalismo, sem entrar no palco a não ser de passagem, modificara a sensibilidade nacional.

Nem por isso deixa Artur Azevedo de traçar a linha demarcatória da moralidade sexual, branda e complacente com os homens, rígida com as mulheres, abrindo-se exceção para as mulatas de boa índole e apegadas aos patrões, que, segundo parece, não usufruindo as vantagens das classes abastadas, não têm igualmente as suas servidões. Ao cair do pano, Gouveia retornou a Quinota, Seu Eusébio voltou a D. Fortunata, à custa apenas de uma leve repreensão ("Diabo de home, véio sem juízo", resmunga ela), e até Benvinda reuniu-se à família, para casar-se, quando chegar de regresso a Minas, com Seu Borges, que a desvirginara, e que, desconhecendo as suas aventuras no Rio, deve recebê-la de braços abertos, conforme a observação um tanto cínica de Seu Eusébio: "Quem não sabe é como quem não vê". É verdade que ele logo se emenda, exprimindo na última fala a moral da peça: "É na roça, é no campo, é no sertão, é na lavoura que está a vida e o progresso da nossa querida Pátria". Para fechar o espetáculo, nada como um belo quadro cênico, inspirado na técnica da revista: "Apoteose à vida rural". Antecedendo o desfecho, os maus, Lola e Lourenço, que haviam abusado da boa-fé de Seu Eusébio, foram punidos, e a roleta demonstrou a Gouveia que o jogo – inclusive a primeira

6. Machado de Assis, *op. cit.*, 1950, vol. 26, p. 51.

dúzia – não compensa. Artur Azevedo, a seu modo bonachão, também era um moralista.

Poucos dias antes da estréia, em artigo de apresentação, ele explicou as intenções e a natureza de *A Capital Federal*:

> Como uma simples comédia saía do gênero dos espetáculos atuais do Recreio Dramático, e isso não convinha nem ao empresário, nem ao autor, nem aos artistas, nem ao público, resolvi escrever uma peça espetaculosa, que deparasse aos nossos cenógrafos, como deparou, mais uma ocasião de fazer boa figura, e recorri também ao indispensável condimento da música ligeira, sem, contudo, descer até o gênero conhecido pela característica denominação de maxixe[7].

Dias depois, Olavo Bilac elogiou a peça e o desempenho. Um pequeno trecho de sua crônica dá idéia do tipo de relação estabelecida com o público por tais espetáculos:

> E há uma pancada no bumbo e nos timbales da orquestra, e abre-se o fundo da cena, e, por uma tarde batida de sol, aparecem os arcos da Carioca, e, sobre eles, o bonde elétrico voando – numa esplêndida cenografia de Carrancini... E o pano cai, ao reboar dos aplausos.

O efeito da peça, como se vê, deveria ser total, atingindo ao mesmo tempo olhos e ouvidos.

O Mambembe só veio a ser valorizado modernamente, através de uma encenação muito bem sucedida. Também ele, como *A Capital Federal*, passa em revista alguma coisa – no caso, o próprio teatro, no que ele possuía de mais entranhadamente nacional. Artur Azevedo explica o sentido do termo:

---

7. Transcrito da "Coletânea Teatral", *Revista da SBAT*, Caderno nº 44, Rio de Janeiro, Sociedade Brasileira de Autores Teatrais, 1957. A crítica de Olavo Bilac que se segue tem a mesma procedência.

"Para os leitores pouco versados em coisas de teatro, direi que *mambembe* é o nome que dão a essas companhias dramáticas nômades, que, organizadas sabe Deus como, e levando repertório eclético, percorrem as cidades, vilas, povoados e arraiais dos nossos Estados, dando espetáculos onde haja ou onde possam improvisar um teatro". E justificava a escolha do tema:

> Há muito tempo me preocupava a idéia de escrever essa burleta: *o mambembe* é um traço dos nossos costumes, que nunca foi explorado nem no teatro, nem no romance, nem na pintura, e no entanto me parecia dos mais característicos e pitorescos[8].

A forma da peça, aberta no espaço, no tempo e no suceder de episódios, assemelha-se à da "Capital Federal": doze quadros, distribuídos por três atos, com dezenas de personagens secundárias, o que pressupunha um quadro estável de coristas capazes de desempenhar pequenos papéis. Cinco cenógrafos dividiram a tarefa de pôr de pé o espetáculo, merecendo conjuntamente o elogio do autor:

> Marroig, Crispim do Amaral, Afonso Silva, Timoteo da Costa e Emilio pintaram magníficos cenários para *O Mambembe*. [...] Ontem, o público diante do trabalho desses artistas brasileiros não sentiu falta de Carrancini ou Coliva. Já é uma conquista[9].

A partitura de *A Capital Federal* devera-se a Nicolino Milano, Assis Pacheco e Luis Moreira. A de *O Mambembe*, talvez

---

8. "Notas e Esclarecimentos", *Coletânea Teatral*, nº 67, Rio de Janeiro, Sociedade Brasileira de Autores Teatrais, 1960. As citações da peça provêm desta fonte.

9. Note-se que Artur Azevedo era colecionador de quadros.

O Mambembe, de Artur Azevedo, com Fernanda Montenegro e Ítalo Rossi.

menos participativa, ficou a cargo somente de Assis Pacheco. O texto, sobretudo na parte referente aos costumes e linguajar caipira, recebeu a colaboração do paulista José Piza. Não se fazia uma boa burleta sem ter por trás uma verdadeira equipe de técnicos.

O enredo traça a curva de uma modesta companhia itinerante, desde a constituição do elenco no Rio de Janeiro, graças a adiantamentos em dinheiro feitos por capitalistas e amigos do empresário Frazão – figura modelada sobre Brandão, o Popularíssimo, e interpretada por ele –, até a sua dissolução numa localidade cujo grau de civilização se mede pelo nome, Pito Aceso, com a saída da "primeira dama", Laudelina, novata na profissão, egressa de um desses grupos de "curiosos" (amadores) espalhados mesmo nos mais distantes bairros cariocas. A peça desenha a propósito algumas silhuetas rápidas: o galã metido a conquistador, que se julga com direitos amorosos sobre todas as colegas; o velho ator, apegado ao repertório antigo, reduzido a se apresentar em "cenas dramáticas" e monólogos; o cômico, que fora do palco só sabe se lamentar; as atrizes, que confirmam a má fama de que o teatro gozava em matéria de moralidade sexual. Acima, contudo, até da "primeira dama" e do empresário (as duas únicas presenças marcantes no elenco), acima de todos, em suma, a personagem que se projeta para o público é a do próprio grupo, em sua totalidade, vivendo os altos e baixos da itinerância. Todos correm o risco de não ter no dia seguinte quê comer ou onde dormir – as mulheres, se jovens e bonitas, como Laudelina, com ameaças suplementares à sua virtude feminina. Mas a lição que se colhe no fim das contas é que mesmo no mambembe há empresários honestos e atrizes de boa conduta.

O teatro, entretanto, não é apenas o objeto da peça. Dita-lhe também, através da paródia, da alusão a outros textos, o formato de muitas de suas melhores cenas. É assim que desfilam rapidamente pelo palco o dramalhão romântico, fora da moda mas não fora do repertório amador, a farsa já quase de circo, com base em pontapés aplicados no posterior de coadjuvantes, e peças fantásticas – não *A Passagem do Mar Vermelho*, que esta, de autoria do comerciante português Fonseca Moreira, já se vira no Rio de Janeiro, mas *A Passagem do Mar Amarelo* – de proporções cênicas inenarráveis. A última pirueta parodística é exatamente a que fecha o enredo: descobre-se, à maneira do melodrama, que a "primeira dama", Laudelina, é a filha perdida e procurada há muitos anos pelo Coronel Chico Inácio, o rico fazendeiro de Pito Aceso, amante do teatro e até casado com "Madama", ex-atriz de operetas francesas. É o *coup de théâtre* que torna oportuno o baixar do pano:

> LAUDELINA – Sabe, senhor Frazão? Encontrei meu pai. (*Apontando Chico Inácio*). É ele!
> EDUARDO – Ele!
> D. RITA – Ele!
> MADAMA – Ele!
> PANTALEÃO – Ele!
> CHICO INÁCIO – Eu!

O Mambembe, sendo uma caricatura, não deixa de retratar a dualidade do teatro, que é arte e negócio, desempenho individual e criação coletiva, representação da realidade e maneira de vivê-la, sobretudo nas companhias itinerantes, que correm atrás de ilusões, nunca sabendo o que sucederá, se aplausos e dinheiro ou fome e abandono. O ator, não se contentando com a própria personalidade, contrafazendo outras no palco, tem acesso e dá acesso a um mundo imaginário, mais rico, em graça ou desgraça, do que o nosso. A "suspensão da incredulidade", que Coleridge colocou na base da poesia, é a lei do mambembe, tanto para intérpretes como para espectadores. O resultado por fora pode ser mau teatro, mas, por dentro, trata-se de um esforço criativo igual a qualquer outro. A imaginação da companhia funciona duplamente: na vida real para induzir condições menos descontínuas de trabalho; em cena para passar a experiência pessoal do ator ao plano superior da personagem fictícia. Eduardo, namorado de Laudelina, que faz teatro amador por causa dela, só encontra expressão digna de seus sentimentos nas palavras exaltadas de *A Morgadinha de Valflor*, drama do escritor português Pinheiro Chagas, que eles representavam na ocasião:

EDUARDO – [...] O meu trabalho seria outro, se outra fosse a morgadinha...

D. RITA – Acredito.

EDUARDO – Mas a morgadinha é ela, é Dona Laudelina, sua afilhada, sua filha de criação, que "eu amo cada vez mais, com um amor ardente, louco, dilacerante, ó Cristo, ó Deus!".

D. RITA – Esse pedacinho é da peça.

EDUARDO – É da peça, mas adapta-se perfeitamente à minha situação! "Sempre, sempre esta visão fatal a perseguir-me! No sonho, na vigília, em toda parte a vejo, a sigo, a adoro! Como me entrou no coração este amor, que não posso arrancar sem arrancar o coração e a vida?"

Teatro e realidade confundem-se. Para enganar o Coronel Pantaleão, que persegue Laudelina com propostas de encontros noturnos, põe-se em funcionamento o velho truque teatral do homem – no caso, Frazão – que se veste de mulher. A comicidade da peça, mais patente no palco do que no papel impresso, está mesmo no cotejo, deixado a cargo dos atores, entre a maneira espontânea como se vive e o formalismo do palco, que se torna grotesco em mãos menos hábeis. O *Mambembe* é um hino à farsa escrito em tom farsesco. Não importa tanto que não tenha grande originalidade porque a sua matéria-prima é o lugar-comum cênico. Este é o lado do teatro. O outro lado, o do Pito Aceso, e de outra cidadezinha de nome igualmente significativo, Tocos, onde manda o Coronel Pantaleão, é o velho Brasil de Martins Pena, de Macedo, de França Júnior. Assiste-se no palco, por exemplo, a um leilão rural, onde se arremata um frango assado, a uma manifestação de aniversário animada por uma banda de música regida por um sapateiro italiano e a uma Festa do Divino Espírito Santo, em que se dança o cateretê, tendo como Imperador e Imperatriz, respectivamente, o Coronel Chico Inácio e a sua Madama francesa.

O *Mambembe* comportava, como as revistas, três apoteoses. A terceira, a lembrança que o público levaria para casa, mostrava o Teatro Municipal, em vias de construção no Rio de Janeiro. Mas Artur Azevedo, que se batera valentemente pelo empreendimento, não tinha ilusões a respeito. Sabia – e disse-o em crônica – que um teatro luxuoso e de grandes dimensões como se projetava, e como de fato se edificou, pouco serviria aos autores e atores nacionais, sendo ocupado com exclusividade pela ópera e pelas companhias européias.

A verdade é que o Rio – e em bem menor escala o Brasil – internacionalizava-se rapidamente. Não somente Sarah Bernhardt, Eleonora Duse e Coquelin (trazendo como novidade o *Cyrano de Bergerac* que criara em Paris), voltaram a visitá-lo, como chegava uma nova geração de atores, portugueses como Chaby Pinheiro, espanhóis como Maria Guerrero, franceses como Réjane, De Feraudy, Le Bargy, italianos como

Clara Della Guardia, Tina De Lorenzo, Ermette Zacconi.
Na ópera, o "verismo" italiano, com Puccini, Mascagni, Leoncavallo, cantados por tenores como Enrico Caruso e barítonos como Titta Ruffo, substituía o repertório e o estilo do canto romântico, sem prejuízo para Verdi, sempre um dos primeiros no gosto do público.

Vivíamos um paradoxo: mercado teatral crescente, produção nacional decrescente. O teatro era a diversão coletiva por excelência, antes que o cinema e o futebol viessem a disputar essa primazia. Mas não tínhamos condições econômicas e artísticas para concorrer com os estrangeiros. Estávamos relativamente a par do que se fazia nos palcos da França, da Itália, de Portugal, um pouco menos nos da Espanha, porém sem entrar com a parte que em princípio nos competia.

O teatro, de resto, sofria alterações, algumas estruturais. Como edifício, nos chamados "teatros campestres", rodeava-se de jardins iluminados, de salas onde se podia beber, constituindo-se no centro da vida noturna, freqüentado por boêmios, jornalistas, mundanas e artistas de vária espécie. É o pano de fundo que Coelho Neto pôs em romances como *A Capital Federal* e *A Conquista*. O repertório, em conseqüência dessa popularização, passa a aceitar gêneros menores, a cançoneta, o monólogo cômico, os "transformistas", como o italiano Fregoli, de fama internacional, que contrafazia todas as vozes e todas as fisionomias, tanto de mulher como de homem. Do teatro descia-se ao café-concerto, ao café-cantante, da palavra aos números de exibição de força e destreza corporal.

Em nível alto, privilégio quase exclusivo de elencos estrangeiros, havia textos, por assim dizer, obrigatórios. Para os homens, se de temperamento dramático, *Os Espectros*, de Ibsen.

Para as mulheres, ainda *A Dama das Camélias*, ao lado da *Tosca*, de Sardou, e da *Casa de Boneca*, de Ibsen. Não havendo reprodução mecânica, a não ser a nascente indústria do disco, o público voltava reiteradas vezes à mesma peça, para comparar interpretações. Melodias e textos permaneciam vivos, presentes na memória, por muitas dezenas de anos.

Na comédia brilhava o *vaudeville* francês, que, de simples canção, subira de categoria durante todo o século XIX, até atingir o ápice, já sem o auxílio da música, nos intrincados e engenhosos enredos de Georges Feydeau. Se os franceses representavam *La dame de chez Maxim*, os nacionais replicavam, em tradução, com *A Lagartixa*. Não era a mesma coisa, mas servia como sucedâneo. A comicidade, não admitindo palavras feias, dizia quase tudo sobre uma sexualidade já mal reprimida. Surgiam no ar suspeitas não apenas sobre condutas masculinas como também sobre as de senhoras decentemente casadas. Não haveria tanta graça em ver camas descompostas, homens e mulheres em trajes menores, se os espectadores não estivessem acostumados a vê-los na sala, rigorosamente vestidos. O decoro era o pressuposto da malícia que fazia rir.

A revista evoluía – ou decaía –, perdendo os elementos que de início a unificavam (o *compère*, o tema central), transformando-se numa sucessão de quadros cômicos ligados por números de música popular, que tinha agora no palco um poderoso aliado, um meio eficaz seja de criação, seja de difusão pública. O maxixe, vetado por Artur Azevedo, ascendia rapidamente, chegando a Paris nos primeiros anos do novo século como dança sensual e escandalosa, dando origem a uma versão local, de colorido espanhol, e até introduzindo nos dicionários franceses um vocábulo inédito, *Matchiche:*

C'est la *danse nouvelle*
Mademoiselle
La danse qui aguiche
C'est La Matchiche[10].

A sorte estava selada. Não haveria no Brasil música ligeira, mas apenas os seus dois extremos: a música popular, de
um lado, com a saúde cada dia mais exuberante, e, de outro,
a música erudita, um tanto anêmica, com dificuldade para en-
contrar o seu público.

Em contraposição, prosperavam comercialmente a *zarzuela*, sempre interpretada por espanhóis, entre os quais se desta-
cava o barítono Sagi-Barba, e, ainda mais, a opereta vienense,
já na segunda ou terceira geração. No curso de poucos meses,
por volta de 1908, *A Viúva Alegre*, símbolo de toda uma era teatral – *la belle époque* –, foi representada por companhias portuguesas, espanholas, alemãs e italianas. Cada nacionalidade, quanto ao espetáculo, primava num ponto. Os alemães valsavam a
valer (é o sortilégio da valsa que une por fim o par amoroso);
os espanhóis cantavam com voz de ópera (ou de *zarzuela*, que
pouco lhe ficava atrás); os italianos puxavam descaradamente

10. Esta melodia francesa, que se apresentava como espanhola, foi muito
    cantada no Brasil, com as seguintes letras:

    O Santo Padre disse
    Que é pecado
    Menina de colégio
    Ter namorado,

    O Santo Padre disse
    Que é pecado
    Dormir na mesma cama
    Sem ser casado.

pelos efeitos de farsa; e os portugueses imprimiam ao desafio travado entre Ana Glavari e o Conde Danilo tons já próximos do dramático: – *Então, guerra declarada?* – *Guerra declarada!* Nenhuma peça parecia combinar tão bem quanto a opereta de Franz Lehar, a valsa langorosa e o duetinho cômico, nenhuma relacionava de modo tão perfeito o jogo erótico entre o homem e a mulher, ambos livres, ambos na flor da idade, ambos divididos entre o desejo carnal e o amor-próprio ferido, com o ambiente de farsa picante que os envolve, de adultérios presumíveis e prostituições patentes. Não se trata de amor à primeira vista, mas, ao contrário, de amor à segunda vista, aquele que precisava recuperar o antigo namoro, evitando os erros anteriores. E compete ao homem, não à mulher, como habitual, dizer o "sim" definitivo. Se a moral com freqüência periclita, jamais se perde de todo. A mulher casada que (no segundo fio do enredo) aceita encontrar-se com um rapaz apaixonado por ela, num pavilhão convenientemente fechado, safa-se e salva a honra quando o seu leque revela o que ela escrevera para ele ler: "Eu sou uma mulher honesta". "Não é a minha mulher", conclui o marido.

Tudo meio de brincadeira, exceto a música, que, embora ligeira, tendo a obrigação de agradar ao ouvido e manter a alegria (mesmo na viuvez, como indica o título), devia, além disso, saber cantar a força e a precariedade do sentimento amoroso, que oscila muito antes de se fixar. A opereta vienense, diferindo nesse ponto da de Offenbach, nem sempre passava ao largo da melancolia, celebrada musicalmente, por ocasião dos desencontros, pelos sons do violino, vibrado em sua corda mais soluçante.

A Viúva Alegre, espetáculo rico, passado supostamente na alta sociedade européia, acomodou-se como pôde às condições locais. Encenada abusivamente, em versões cada vez mais pobres e mais distantes do original, chegou até o circo, onde foi interpretada pelo palhaço e ator negro Benjamin de Oliveira, de grande popularidade. E deu os últimos lampejos nas vozes, registradas em disco, de Gilda de Abreu e Vicente Celestino.

Artur Azevedo não chegou a presenciar tais espetáculos, como não alcançou a inauguração dos dois Teatros Municipais, o do Rio em 1909, o de São Paulo em 1911, que monopolizariam daí em diante os espetáculos elegantes, pontos de encontro da alta sociedade. Entre os seus papéis póstumos, no entanto, foi encontrado talvez o seu último trabalho teatral – a tradução de *A Viúva Alegre*. Ele morreu, como vivera, com a mão na massa do teatro musicado. Preso, contudo, a fortes preconceitos estéticos, nunca lhe deu o devido apreço. Ao discursar em 1901, durante o enterro de Moreira Sampaio, seu colaborador em inúmeras revistas, queixou-se que, "preparando com o estrume da revista do ano o terreno para a plantação da comédia", nenhum dos dois, nem ele nem o amigo falecido, previra que "ficaríamos com as sementes na mão". As sementes já haviam frutificado, em peças como *A Capital Federal* – ou como *O Mambembe*, escrita logo a seguir. Mas a natureza mesma do teatro musicado, julgada inferior, não lhe permitia enxergar a realidade teatral plena, tal como ela se desdobra aos olhos de hoje, inteiramente favoráveis às suas modestas, animadas e divertidas burletas. É que nem sempre o gênero, maior ou menor, delimita e define o valor de uma obra. Francisque Sarcey, crítico que acompanhou por mais de quarenta anos a evolução do teatro francês, disse que só vira três peças revolucionarem os hábitos de autores, atores e público: *O Chapéu de Palha da Itália* de Labiche, *A Dama das Camélias* de Dumas Filho e *Orfeu nos Infernos* de Offenbach. Ou seja, uma comédia puxada à farsa, com *couplets*, um drama e uma opereta. Artur Azevedo, portanto, ao engajar-se no teatro musicado, não estava assim em tão má companhia. Muito menos, em todo caso, do que ele mesmo imaginava. Com a sua morte, ocorrida em 1908, findava, para todos os efeitos, o teatro brasileiro do século XIX.

9
O Teatro no Rio de Janeiro

————//————

Contava o Rio de Janeiro, em 1906, segundo o Almanaque Teatral da Livraria Cruz Coutinho, com onze teatros. De quatro só constam praticamente o nome, fazendo supor que se tratassem de edifícios menores, destinados talvez a gêneros também menores, como o café-concerto e o teatro de variedades. Sobre os outros temos dados concernentes pelo menos à lotação. São teatros amplos, concebidos nos moldes consagrados pelo século XIX.

Os maiores, como o Teatro Lírico e o velho São Pedro de Alcântara, que seria posteriormente demolido para dar origem ao atual Teatro João Caetano, comportavam até 1300 espectadores, se calcularmos, em média, quatro pessoas para cada frisa ou camarote. Abrigavam de preferência a ópera, mas sem excluir, queremos crer, a atividade propriamente dramática. Os teatros menores, com respeito à lotação, giravam em torno de oitocentos lugares, um pouco mais, um pouco menos.

O formato era o tradicional, provindo originariamente da Itália, que os dois grandes teatros municipais erigidos nesse começo do século, no Rio e em São Paulo, fizeram chegar aos nossos dias. O centro do prédio, com relação ao público, era ocupado pela platéia. Erguiam-se à sua volta, em andares sucessivos, as frisas, os camarotes, as varandas, as galerias nobres. Defronte do palco, no fundo e no último andar, ficavam as galerias numeradas, de preço módico, de acordo com o princípio tácito de quanto mais alto e mais distante do palco, tanto mais barato o lugar.

Essa ordem obedecia à hierarquia econômica, tendo a vantagem de não deixar de lado, não diremos o povo, palavra sempre de sentido político, mas aquelas pessoas classificadas como remediadas, entre as quais se achavam – e este ponto é importante – os estudantes de cursos superiores. Haveria, assim, uma espécie de equilíbrio entre o sistema aristocrático e o democrático. O primeiro não apenas distinguia os diversos compartimentos, como estabelecia, dentro deles, novas subdivisões, separando, por exemplo, os camarotes de 1ª dos camarotes de 2ª, as galerias nobres das somente numeradas, chegando-se ao extremo no caso de um teatro que só oferecia, a 300 pessoas, uma arquibancada, certamente sem numeração, e, nesse sentido, impessoal e coletiva.

O sistema contrário, o de igualdade social, consistia precisamente nisso, no fato de se reservar para o público pouco aquinhoado economicamente um espaço, é verdade que menor, porém não desprezível: por exemplo, na mais eqüitativa dessas divisões, 410 galerias numeradas para 540 cadeiras de platéia (no Teatro São Pedro de Alcântara). Conseguia-se desse modo dar ao teatro um certo alcance social, que ele perderia no correr do século XX.

Dois teatros, o Apolo e o Carlos Gomes, dedicavam-se à revista, com elencos fixos, como se depreende da existência, em seus quadros artísticos, de regentes (respectivamente Assis Pacheco e Paulino Sacramento), de cômicos extremamente populares (Brandão, o Popularíssimo, no primeiro elenco, Machado Careca no segundo), além de, nos dois teatros, coros de 24 ou 25 artistas, corpo de baile e orquestra de 20 professores. A fórmula, em suma, revelava-se exatamente a mesma em um e outro teatro, como se fossem irmãos gêmeos e rivais. O que não lhes faltava, de resto, era riqueza de recursos humanos. Somando-se todos os integrantes do espetáculo chegava-se à cifra surpreendente de aproximadamente 70 pessoas, que tinham de comparecer todas as noites para que subisse o pano.

Apenas um teatro, o Recreio Dramático, encenava de modo contínuo o chamado teatro de prosa, representando dramas e comédias. A companhia que o ocupava era portuguesa, ostentando nos primeiros papéis dois atores renomados, Cristiano de Souza e Lucinda Simões, esta quase também brasileira, havendo até um teatro com o seu nome no Rio de Janeiro. O elenco era numeroso, doze homens, dez mulheres, como convinha a um grupo estável, tendo de dar conta de um repertório variado.

À sombra do teatro profissional, mas não ligado a ele, desenvolvia-se uma considerável atividade amadora. O Almanaque Teatral cita 21 Sociedades Dramáticas dessa natureza, algumas relacionadas, pelo título, a bairros cariocas – Botafogo, Meyer, Tijuca, Gávea, Vila Isabel, São Cristóvão, Cascadura. A se julgar pelo que diz o papel (como se sabe, às vezes fantasioso), eram em geral organizações complexas, incluindo, na parte artística, fora a administrativa, diretores de cena, ensaiadores, contra-regras, pontos, e até mesmo, esporadicamente, regentes musicais e cenógrafos amadores. Quanto ao repertório menciona-se unicamente o do Clube Ginástico Português, formado por dramas e dramalhões que haviam passado há muito pelo teatro profissional, como *Kean* de Alexandre Dumas, e *A Morgadinha de Valflor*, de Pinheiro Chagas, esta última, aliás, trazida à cena por Artur Azevedo em seu paródico *O Mambembe*, como exemplo típico de repertório saudosista.

Tal atividade amadora, ao que parece, tinha por objeto não apenas levar ao palco pessoas que se sentiam com vocação dramática porém não queriam perder o seu posto na hierarquia social, mas também preservar um passado teatral julgado honroso e consistente, quer quanto à peça, quer quanto à representação, e que, no entanto, desfazia-se ao contato com o espírito improvisador e irreverente do teatro de revista.

Voltando ao teatro profissional, nessa franja que crescia ao seu redor, destacaremos, como nota final, um pormenor que caracteriza bem a época. Muitos desses edifícios teatrais intitulavam-se "teatros campestres", ou seja, aqueles, já referidos de passagem, que continham jardins onde se podia beber e conversar em companhia alegre, fato a que o teatro de revista, através de suas coristas, não se mostrava indiferente. O espetáculo, em tais circunstâncias, definia-se sobretudo como início da vida noturna, que continuaria em ambientes mais propícios às expansões amatorias. Esses claros apelos à sexualidade, lançados dentro e fora do palco, não passavam na verdade de exceções consentidas pela moral pública, que via atores e atrizes como seres diferentes, suspensos entre o ilícito e o artístico, aos quais não se aplicavam as regras comuns. Trata-se do último traço necessário para compor o perfil do teatro, tal como ele se apresentava na cidade mais adiantada do Brasil, o Rio de Janeiro, alguns anos após a virada histórica para o século XX.

Título	História Concisa do Teatro Brasileiro (1570-1908)
Autor	Décio de Almeida Prado
Produção e Projeto Gráfico	Anderson Nobara
Editoração Eletrônica	Anderson Nobara
Capa	Yvonne Sarué
Fontes Iconográficas	Arquivos do autor, Biblioteca Nacional, Instituto Histórico e Geográfico Brasileiro, Funarte
Reproduções Fotográficas	Vicente de Mello
Editoração de Texto	Alice Kyoko Miyashiro
Revisão de Provas	Joaquim Antonio Pereira Sobrinho
	Érica Bombardi
	Tania Mano Maeta
Arte-final	Julia Yagi
	Andrea Yanaguita
Divulgação	Maria Helena Arrigucci
	Mônica Cristina G. dos Santos
	Flavia Cristina Moino
Secretaria Editorial	Rose Pires
	Eliane Reimberg
Formato	14 x 21 cm
Tipologia	Gatineau 10/15
Papel	Cartão Supremo 250 g/m² (capa)
	Pólen Rustic Areia 85 g/m² (miolo)
Número de Páginas	176
Tiragem	3 000
Fotolito e Impressão	Imprensa Oficial do Estado de São Paulo